farofa,
uma alegria popular

sabrina sedlmayer

farofa,
uma alegria popular

autêntica

Copyright © 2020 Sabrina Sedlmayer

Todos os direitos reservados pela Autêntica Editora Ltda. Nenhuma parte desta publicação poderá ser reproduzida, seja por meios mecânicos, eletrônicos, seja via cópia xerográfica, sem autorização prévia da Editora.

EDITORAS RESPONSÁVEIS
Rejane Dias
Cecília Martins

REVISÃO
Aline Sobreira

FOTOGRAFIAS
Sabrina Sedlmayer

PROJETO GRÁFICO
Diogo Droschi

DIAGRAMAÇÃO
Guilherme Fagundes

Dados Internacionais de Catalogação na Publicação (CIP)
(Câmara Brasileira do Livro, SP, Brasil)

Sedlmayer, Sabrina
    Farofa, uma alegria popular / Sabrina Sedlmayer ; fotografias Sabrina Sedlmayer. -- Belo Horizonte : Autêntica, 2020.

    ISBN 978-65-5928-000-1

    1. Alimentação - História 2. Antropologia nutricional 3. Culinária (Farofa) 4. Culinária (Receitas) 5. Cultura brasileira 6. Cultura popular I. Sedlmayer, Sabrina. II. Título.

20-49596   CDD-641.5

Índices para catálogo sistemático:
1. Culinária : Receitas : Economia doméstica 641.5
Cibele Maria Dias - Bibliotecária - CRB-8/9427

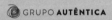

Belo Horizonte
Rua Carlos Turner, 420
Silveira . 31140-520
Belo Horizonte . MG
Tel.: (55 31) 3465 4500

São Paulo
Av. Paulista, 2.073 . Conjunto Nacional
Horsa I . Sala 309 . Cerqueira César
01311-940 . São Paulo . SP
Tel.: (55 11) 3034 4468

www.grupoautentica.com.br

para minha mãe,
que me deu um lugar à mesa.

9. **saudações à farofa**

13. **a mandioca**

33. **o milho**

53. **farofas para dias quaisquer**

55. ovos
57. alho
59. cebola
61. couve
63. banana
65. cenoura (com ovos/com linguiça/com milho)
66. cenoura e banana
67. quiabo e ovos
69. alho-poró
70. abobrinha
71. salsão
73. bacon e alho
75. vagem
77. coentro
79. brócolis e alho
81. guandu (andu) ou feijão verde
83. torresmo
85. carne de lata
86. matula de viagem
87. carne de sol com cebola roxa
89. milho verde
91. pequi
93. roupa suja
95. ovos duros
96. dendê
97. rala queijo
99. paçoca

101. **farofas para dias de festa**

    103. perfumada
    105. pistache
    107. parma e ovos
    108. ervas do quintal
    109. fora do comum
    111. miúdos
    113. misturinha
    115. castanhas e frutas secas
    116. parma com mel
    117. coco queimado
    119. camarão e coco
    121. farofa d'água
    122. predileta para o churrasco
    123. cebolas caramelizadas
    125. maracujá
    127. pernil com abacaxi
    129. sardinha picante com tomates secos
    131. castanhas-de-caju (xerém)
    133. abacaxi (uvas-passas/ovos/bacon)
    135. linguiça picante

137. **Agradecimentos**

139. **Referências**

Escute esta iguaria em forma de playlist
e seja embalado por uma formidável seleção de canções da MPB capazes de descrever, em termos culturais e simbólicos, o lugar e a importância da mandioca, do milho e de suas respectivas farinhas em nossas vidas.

saudações à farofa

Cresci na convivência com as farinhas, nas feiras populares, e comendo todo tipo de farofa, em casa. Desde a trivial, de manteiga e cebola, passando pela de domingo, que costumava ir além dos três ingredientes básicos que geralmente a constituem (gordura + farinha + qualquer outra coisa). Também havia a do Natal, de miúdos, inesquecível. Muito tempo depois, quando li o conto "Peru de Natal", de Mário de Andrade, entendi que o recado do narrador era ensinar uma maneira de trazer a felicidade familiar de volta após a morte do rabugento pai. E ali tive a sensação de que a farofa era uma mistura que ia bem além dos ingredientes. O personagem aprendera a fazer a farofa de miúdos fora da sua casa melancólica, e a ceia de Natal era um pretexto para jogar a tristeza momentaneamente para o lado: "havia de ser com duas farofas, a gorda com os miúdos, e a seca, douradinha, com bastante manteiga. Queria o papo recheado só com a farofa gorda, em que havíamos de ajuntar ameixa preta, nozes e um cálice de xerez, como aprendera na casa da Rose, muito minha companheira. Está claro que omiti onde aprendera a receita, mas todos desconfiaram".

No mesmo bloco da memória também se encontram outras duas farofas. Uma reprimida durante muito tempo, mas vamos lá: fui uma criança asmática e tive problemas no coração. Solidão, silêncio, repouso, leitura, essas coisas. Um dia, a cozinheira do meu amigo, que era também meu vizinho, aconselhou-me a comer farofa de tanajuras para sarar todos os meus males (que pareciam pesados demais, na altura). Relutei um bocado, mas me lembro de ter aprendido rapidamente o mantra, a canção que embalava a caçada às formigas, e de ter adorado sair pelas ruas, após as primeiras chuvas, cantando: "Cai, cai, tanajura, na panela de gordura!". Confesso que mesmo reconhecendo-as bem torradinhas, crocantes, nunca mais quero repetir tal experiência. Fiquei sem provar maionese por mais de 10 anos, porque toda vez que comia me lembrava exatamente do gosto das saúvas.[1] Há outra reminiscência mais feliz e que é quase uma performance: era uma espécie de matula que levávamos, em uma grande lata de alumínio, nas longas viagens rumo à praia, no verão. Essa era incrível, e tenho dela muitas saudades: tinha pedaços inteiros de frango caipira corado e suculento, com muito tempero verde, quase molhada, com um pouquinho de pimenta, e comíamos em trânsito, todos juntos, sem vergonha.

Sei que o termo "farofeiro" se aplica perfeitamente a esse episódio. O farofeiro é aquele que se espalha, como a farinha. Usamos a palavra para definir a pessoa que frequenta a praia e leva o farnel de casa. Pejorativamente é também sinônimo de bagunceiro, loroteiro, conversador, jeca, fanfarrão, sem noção, que suja os lugares deixando um rastro de lixo (plásticos, latas, vidros) nos ambientes que frequenta em seu lazer. Geralmente o farofeiro não tem dinheiro e não pode ir a bares nem a restaurantes, por isso prepara o próprio rango.

Mas proponho, aqui, estranhar esse termo hostil, carregado de generalização, e perguntar: por que sempre a farofa é levada na matulagem? Poderia, apressadamente, responder: porque é um prato seco, que dura e resiste ao tempo, às viagens, às intempéries. Mas talvez a explicação mais justa seja demorada e esteja desenvolvida nos ensaios que integram este livro. Mostro como, no encontro entre as várias nações indígenas com os europeus, houve uma troca

---

[1] Saúva s. *f.* (Bras.): formiga da família dos formicídeos, subfamília dos dorilíneos (Atta sexdena e outras espécies do gênero), também lhe chamam azeiteira, cabeçuda, cacapó, caiapó, carregadeira ou formiga, carregadeira, cortadeira ou formiga cortadeira, formiga-de-mandioca ou formiga-mandioca, formiga-de-roça, lavradeira, manhuara e roceira. [Na literatura antiga chamavam-lhe rei-do-brasil.] As fêmeas recebem os nomes de tanajura e içá; os machos: içabitu, cabitu, aavitu, sabitu, bitu, vitu e escumana. Var. sauba e saúva. 1. Bras. Zool. A fêmea alada da saúva; TANAJURA: "Içá, savitu, já ouvi dizer que homem faminto como frita com farinhas essa imundície..." (Guimarães Rosa, *Grande sertão: veredas*). (Disponível em: <aulete.com.br/saúva>, verbete original.)

fundamental no que se refere aos hábitos alimentares. E a mandioca e o milho se transformaram nos páes da terra dos colonizadores. Como há muito tempo resumiu Sérgio Buarque de Holanda (1995, p. 47): "onde lhes faltasse o pão de trigo, aprendiam a comer o da terra".

Recuperar esse dado é, a meu ver, fundamental para entender a sobrevivência de hábitos, de técnicas, de gostos e de sabores da cultura brasileira e, principalmente, para recuperar traços desse tipo, o farofeiro, um personagem tão injustamente estereotipado. Não é mera coincidência que estudo também, há algum tempo, a gambiarra[2]...

Este livro procura, assim, ir além dos dados históricos que mostram como houve uma reelaboração de práticas culturais europeias em solos brasileiros, e além da conotação anedótica que coloca o comedor de farofa como sinônimo da ralé nacional. Trazer, como uma lufada branca, alva, bem da cor da mandioca, a poeira imaculada da farinha e daí saudar os ilimitados sabores da farofa, prato que traz, de forma embolada, o intercâmbio das culturas diversas que nos constituem: a dos índios, a dos portugueses e a dos africanos, resultando em um prato brasileiro. Tento, assim, aproximar-me da plasticidade e do lugar que essa receita tem na vida de todos nós, na mesa dos ricos e na mesa dos pobres, no cardápio de segunda-feira ou na noite do Ano Novo. Trata-se, assim, de uma tentativa de compreensão de dois alimentos fundamentais na história alimentar do Brasil: a mandioca e o milho. Ingredientes que são sinônimos de resistência e de adaptações múltiplas, alimentos basilares. E por isso a preferência por textos curtos, completamente ensaísticos e despretensiosos. Queria mesmo que a forma da escrita rimasse com o assunto, que tivesse a simplicidade que esse prato de subsistência consegue carregar desde os Quinhentos.

Se, como estudiosa da alimentação, pudesse definir o resultado deste trajeto aqui concluído, misto de ensaio reflexivo e de receitas práticas, não titubearia: pertencem ao campo da antropologia da alimentação. As receitas aqui

[2] Para quem se interessar pelo assunto da improvisação e da potente incidência da gambiarra no campo da linguagem e das artes no Brasil, consultar o livro *Jacuba é gambiarra*, publicado pela Autêntica em 2017.

reunidas são, para mim, exemplos luminosos, uma espécie de ética de transmissão, de orientação de um saber básico que todos nós já temos, de tão absolutamente trivial que é. Mas convido a todos a (re)conhecerem os inúmeros tipos de farinha, tanto de mandioca quanto de milho, e a efetuarem a reversão do lugar desse prato na dieta nacional, visto somente como mero acompanhamento. Nesta edição, a farofinha é o mote de todos os gestos.

pandemia, inverno de 2020.

a mandioca

Agora, o senhor já viu uma estranhez?
A mandioca-doce pode de repente virar
azangada – motivos não sei… E, ora veja:
a outra, a mandioca-brava, também é que
às vezes pode ficar mansa, a esmo, de se
comer sem nenhum mal.

Guimarães Rosa, *Grande sertão: veredas*

[3] Ver a esse propósito o artigo "Tupinambá, Kayapó e Kuikuro e as revoluções tecnológicas do alimento", de Luiz C. Borges, Marcio D'Olne Campos e Maria Madalena Mattos Pontes (2016).

[4] Sobre a importância da maniva na cultura do povo indígena amazônico, especificamente os próximos ao Rio Negro, consultar o livro *Manivas, aturás, beijus: o sistema agrícola tradicional do Rio Negro – patrimônio cultural do brasil*, organizado por Lucia Hussak van Velthem e Laure Emperaire (Santa Isabel do Rio Negro: ACIMRN, 2016).

A mandioca ganhou o título de rainha, de soberana absoluta no cardápio brasileiro, prêmio concedido por ninguém menos que, entre outros jurados, o estudioso da alimentação Câmara Cascudo. E esse lugar na narrativa nacional não é aleatório: a raiz já era domesticada, cultivada e largamente consumida pelos tupinambás (tronco tupi, família tupi-guarani), entre outras etnias, muito antes de os europeus terem por aqui chegado, no século XVI. Foram os grupos indígenas brasileiros os pioneiros e também os sujeitos dessa potente cultura da mandioca, da "revolução tecnológica do alimento"[3]: de uma matéria prima venenosa, como é o caso específico da mandioca brava, conseguiram criar um produto comestível; de uma raiz criaram um cereal. Técnicas sofisticadas de processamento deram conta de produzir a farinha, o beiju, a tapioca, o mingau, entre outros produtos que hoje fazem parte, organicamente, da dieta cotidiana do Brasil.

Em diversas culturas indígenas a mandioca ainda é um dos principais elementos capazes de interligar, tal como uma rede, conhecimentos práticos, técnicas e artefatos para o seu processamento. Histórias e narrativas que envolvem os tubérculos são potentes formas de transmissão e de circulação desses saberes. No Rio Negro, na Amazônia,[4] por exemplo, percebemos como o cultivo gera outras manifestações culturais importantes, tais como a potente cestaria (peneiras, tipitis, cestos, abanos) e uma quantidade imensa de receitas de alimentos que vão dos beijus aos caxiris.

Nos relatos dos viajantes e dos cronistas coloniais, percebe-se que estes, além de desconhecerem por completo esse alimento (Pero Vaz de Caminha, Pero de Magalhães Gândavo e Gabriel Soares de Sousa confundiram-na inicialmente com o inhame de São Tomé), também tentaram compreendê-lo relacionando-o ao trigo, especificamente à farinha de trigo, base da feitura do pão na Europa, como se nota no registro sobre a substituição do clássico produto europeu pela novidade brasileira: "em lugar do pão é a farinha de pão que se faz da planta que chama mandioca" (CUNHA, 1998, p. 197-200).

Num registro atribuído ao padre jesuíta Manuel da Nóbrega, encontramos a seguinte informação sobre o tubérculo americano: "O mantimento comum da terra é uma raiz de pau a que chamam mandioca, da qual fazem uma farinha de que comemos todos. E dá também um milho, o qual, misturado com a farinha, fazem um pão que substitui o de trigo" (NÓBREGA, 1954, p. 115).

Os portugueses impulsionaram a disseminação do produto na África, onde a mandioca foi plantada e passou a ser um dos alimentos mais vitais das receitas e da sobrevivência dos africanos. No século XVI tínhamos por aqui, além da mandioca, o cará, a batata-doce e alguns tipos de pimenta. O coco, que é hoje sinônimo da paisagem do litoral e das praias, e que apelidamos de "baiano", veio da Ásia, como também a banana, através do intenso intercâmbio encabeçado pelos lusos. As mangueiras e as jaqueiras vieram da Índia; o inhame, da África, o que demonstra uma distribuição ativa e fecunda tanto da fauna quanto da flora durante esses primeiros tempos.

1. o pão nosso

A origem da palavra "mandioca" é tupi, e a lenda que acompanha o trajeto dessa raiz na história nacional é embalada por uma narrativa colhida há tempos em Belém do Pará. Conta-se que a filha de um chefe indígena engravidara sem, entretanto, ter se relacionado com nenhum parceiro.

Nasce uma menina de inigualável beleza e dão-lhe o nome de Mani. Infortunadamente ela morre ainda jovem, e no seu túmulo nasce um pequeno arbusto, as primeiras raízes. "Mani-oca" significa, assim, a casa de Mani.

Não é desvario, então, imaginar o Brasil como a casa da mandioca. Da família das euforbiáceas, essa raiz tuberosa fornece incontáveis iguarias. Oitenta por cento dos tipos de mandioca no mundo são de origem brasileira. Johann Emanuel Pohl a classificou superlativamente "*Manihot utilissima*". Farinhas, amidos, polvilhos, tapiocas, beijus, gomas são alguns exemplos dos múltiplos usos da mandioca e estão presentes na vida dos brasileiros de todas as classes sociais. Muito mais do que útil, a utilíssima farinha de mandioca é o ingrediente que envolve (e embala) a maioria das farofas deste livro, e veremos, a seguir, como dela há uma documentação abundante, com textos produzidos pelos primeiros colonizadores europeus.

O alimento básico nas décadas iniciais da colonização foi, assim, a alva mandioca, e em segundo lugar, o dourado milho. A mandioca foi apelidada de pão: "pão dos trópicos", "pão do caboclo", "pão de pobre", alguns dos nomes conferidos a ela nos primeiros séculos, o que demonstra adaptações dos estrangeiros no território brasileiro. O produto derivado dela, a farinha de mandioca, é o ingrediente mais estrutural e permanente na alimentação. No livro *Delícias do descobrimento*, Sheila Hue (2008) localiza uma tensão na própria vivência dos sujeitos desse tempo: em terra, colonos, viajantes e índios, muitas vezes em conflito e diante de uma natureza inóspita e desconhecida, usavam abundantemente a farinha de mandioca nas expedições de reconhecimento de território; no mar, lutavam também pela vida durante meses à deriva e, nos momentos de penúria, comiam farinha de mandioca e beijus. Também conhecida como farinha de pau, a farinha de mandioca esteve presente em todos os trajetos do Novo Mundo, junto com o beiju, apelidado de "pão da conquista". Farinha de pau ou farinha de guerra, farinha suruí, farinha de mesa, farinha da terra e farinha seca, eis a versatilidade desse ingrediente cujo nome era alterado de acordo com a variedade da feitura, da granulagem, da técnica e do uso.

2. sobre-vivências

Concentrando a análise no abastecimento alimentar nas Minas Gerais, o historiador José Newton Meneses (2000) joga luz no "continente rústico" que era a vida dos mineiros em meados do século XVIII e no início do XIX. Logo percebemos, nessa leitura, que a mandioca não era um alimento preferencial dessa região, diferentemente do litoral. Apesar de ser consumida por todas as estratificações sociais, usava-se mais a farinha de milho. Uma das hipóteses para essa preferência é a interpretação de Sérgio Buarque de Holanda segundo a qual os paulistas tinham certa aversão à farinha de mandioca, porque a consideravam pouco nutritiva, preferindo a farinha e o fubá de milho. Eis o que tal intérprete do Brasil chamou de a "civilização do milho".

Mas devemos lembrar que se comia, nesse espaço mineiro, o que Eduardo Frieiro resumiu magistralmente como "feijão, angu e couve". Os escravizados (tanto os das minas como os das fazendas) tinham na farinha (de milho e de mandioca) o sustento para a jornada brutal a que eram submetidos. Júnia Furtado (2020) pondera que os alimentos básicos eram o milho, o feijão e as formas de farinha, a dieta da escravaria, a ração para a dura jornada empreendida todos os dias:

> Milho, feijão, cana, canjica, mingau, farinha, aguardente, pinga, melado, biscoito, fumo, tabaco em pó, couve, mostardas, ervas, quiabo, batata-doce, amendoim, gengibre, figos, laranjas, limões, bananas de-são-tomé ou da-terra, goiabas e frutas semelhantes, ovos, carnes, tripas, mocotó, boi, vaca, galinha, porco, peixe e rato, desnudam o que comiam os cativos, e podem ser divididos em alimentos: 1) do cotidiano, oriundos diretamente das roças, como milho e feijão, ou deles derivados, processados de forma rústica e grosseira, caso da canjica, do mingau e do melado; 2) extraídos nos matos e nas redondezas, ou colhidos nos quintais, tais quais ervas, porcos do mato, peixes, couve,

mostarda, laranjas, melancias, bananas e goiabas; 3) eventuais, consumidos em festas e nas doenças, ou oriundos das sobras da mesa do senhor, caso das carnes, especialmente de galinha, tripas, mocotó do porco, cabeça da vaca, ovos, algumas frutas e ervas medicinais locais – violas e raiz de pau; 4) complementares à dieta, funcionando como estimulantes ou redutores de apetite, como a aguardente ou a pinga, o tabaco em pó ou o fumo de cachimbo; 5) em perigo de extrema penúria alimentar, como os ratos[5] (FURTADO, 2020, p. 447).

Há diferença em relação à quantidade e à forma dos ingredientes no que concerne à dieta dos escravizados que trabalhavam nas fazendas e à daqueles que laboravam nas minas. Existem também duas leituras antagônicas sobre elas: há quem defenda que o primeiro grupo conhecia a escassez e a fome, e os da mineração tinham acesso a uma dieta mais substanciosa, mas ambos, no entanto, comiam farinha de milho em todas as refeições. Já outra visão defende exatamente o contrário: não era interesse dos patrões que ninguém passasse fome, já que isso prejudicaria o desempenho no trabalho; estes argumentam que na fazenda havia muito mais oferta alimentar do que nas lavras, uma vez que era comum o cultivo de alimentos.

Como já dito, os alimentos básicos eram milho e feijão nas formas de farinha, angu e canjica, mas a pinga e o tabaco eram utilizados com muita frequência como tentativa de aplacar a fome e "mitigar as agruras do rude trabalho nas lavras, onde permaneciam de sol a sol, com o corpo metido até a cintura nos ribeiros, manejando a bateia" (FRIEIRO, 1982, p. 55).

Se os africanos, aqui escravizados, consumiam farinha do reino, farinha da terra, canjica fina, canjica grossa, para muitos portugueses as comida do Brasil, mesmo em casas de famílias abastadas, eram demasiadamente secas, devido à onipresença desse ingrediente. Em uma correspondência de negociantes em Minas Gerais, um deles, no século XVIII, cujo nome era Francisco da Cruz, descreveu, ao seu chefe em Lisboa, os hábitos alimentares da dieta dos brasileiros:

---

[5] CASTRO, Yeda Pessoa de. *A língua Mina-Jeje no Brasil*, p. 71-89.

que não sei que mais estria se possa passar pois o jantar é carne cozida e no caldo de farinha, a que chamam nessa terra de pão, que nos serve de sopa, algumas vezes, como assim os dias santos, um bocado de vaca assada, outras vezes picada, esta sabe Deus com que temperos, sobremesa não, sempre umas bananas, que é a principal fruta, [...] as ceias passo com um prato de milho cozido em água, com uma colher de melado, cujo prato lhe dão cá de canjica, que é a causa de meu achaque, [...] o estômago duro como uma tábua e sempre azedo (*apud* Furtado, 1999, p. 78).

Até hoje, para muitos nordestinos brasileiros a presença da farinha de mandioca é anúncio da temporada da fome. Já o milho e seus desdobramentos culinários, sinal da fartura. Nos períodos de seca, quando começava a desaparecer o uso do milho nas refeições, a farinha de mandioca surgia na forma de subsistência. Essa dicotomia marca, no relato de muitos, a temporada das chuvas (milho) e a da estiagem (farinha de mandioca).

O milho, de origem guarani, é o maior símbolo da Paulistânia (extensa área dos bandeirantes nos primeiros séculos de colonização), divergindo do Brasil da mandioca, de origem tupi. A talentosa cozinheira mineira D. Lucinha, num estudo de 2011, defende que existam basicamente dois tipos de comida: uma molhada (a das fazendas) e outra seca (a dos viajantes e tropeiros).

Corroborando tal afirmação, podemos notar que em toda a região litorânea, nas casas-grandes e nas senzalas, havia fogões, fornos e panelas, logo, esteio, permanência, possibilidades culinárias. Seria possível então localizar nesses locais a feitura de caldos, ensopados, moquecas, picadinhos. Tal cardápio demonstraria a existência de pouso, de repouso. Já nos sertões, nos interiores, onde a vida era desafiada pelos atos de desbravamento dos territórios, lugares de perambulação e de errância, predominava a cozinha seca, feita para durar. Logo reconhecemos pratos como paçocas, cuscuz e outras receitas desenvolvidas pelo tropeirismo e suas incursões, sempre em movimento. A farinha mais hidratada deve ser consumida rapidamente, era então de uso "molhado", não sendo possível, assim, aguentar as viagens e ser transformada em farnel, em matula. Já a seca, a conhecida por "farinha de guerra", dura muito e pode ser consumida por longos períodos de tempo.

3. dos tipos

No registro dos cronistas confirmamos como os europeus aprenderam com as nações indígenas a reconhecer as mandiocas e a retirar o ácido cianídrico das raízes venenosas, as bravas. Tal como *phármakon*, palavra que significa, em grego, ao mesmo tempo, remédio e veneno, em pouco tempo a mandioca foi vista como algo que salva, mas também é capaz de matar. Como "peçonha" e "contrapeçonha".

A forma de extrair o veneno (através de um paciente e longo cozimento) está descrita minuciosamente nesses relatos, junto a casos de mortes violentas, como na expedição, de 1591, do inglês Anthony Knivet, em que 13 homens morreram envenenados pela ingestão das raízes tóxicas. Outro cronista, Gabriel Soares de Sousa, afirmou que a mandioca era o mais substancioso mantimento da terra no Brasil e, na altura, registrou algumas castas: manipocamirim, manaibuçu, taiaçu, manaiburu, manaitinga e parati (Sousa, 1987).

Jean de Léry explica como os índios fabricavam três tipos de farinha: a de guerra, a fresca e a puba (carimã):

> Fazem farinha de duas espécies: uma muito cozida e dura, a que os selvagens chamam de *uhi antan*, usadas nas expedições guerreiras por se conservar melhor; outra menos cozida e mais tenra, a que chamam *uhi pon*, muito mais agradável do que a primeira porque dá à boca a sensação do miolo de pão branco ainda quente. Ambas, depois de cozidas, mudam de sabor, tornando-se mais agradáveis e delicadas (Léry, 1980, p. 112-113).

Na *História do Brasil (1500-1627)*, Frei Vicente de Salvador também descreve:

E, se essas raízes assim moles as põem a secar, ao sol, chama-se *carimã* e as guardam, ao fumo, em caniços, muito tempo, as quais pisadas se fazem pó tão alvo como o da farinha de trigo e dele amassado fazem o pão, que, se é de leite ou misturado com farinha de milho ou de arroz, é muito bom, mas extreme é algo tanto corriento. E assim o pera papas, que fazem pera doentes com açúcar e as têm por melhores que tisanas, e pera os são as fazem de caldo de peixe ou de carne ou só de água e essa é a melhor triaga que há contra peçonha (Salvador, 2011, p. 11).

São, dessa forma, quatro tipos de farinhas produzidas: a seca, a de água, a tapioca e a carimã. Segundo Lieselotte Ornellas (2000), na fase pré-colombiana os povos indígenas colocavam em cochos cheios de água as mandiocas para que amolecessem mais rapidamente. Depois, esmagavam-na ou a ralavam e a colocavam no *tipiti* (cestos tubulares feitos de folha de palmeira), para escorrer o *tucupi* (o líquido). A massa tinha também outra finalidade: ia ao sol para secar, para daí sair a *carimã* (farinha fina), de que se faz o *mbeiu* (beiju) ou o mingau. Podia-se também passar a massa fresca pela *urupema* (peneira) e fazer: *beiju-açu* (que é o ingrediente principal do *caribé*, um tipo de mingau), o *beiju-ticanga* (beiju grande e redondo), o *curadá* (beiju grande com castanhas cruas, bem grande), o *macapatá* (bolo de macaxeira, com banha de tartaruga e castanhas, enrolado em folhas de bananeira) e *moçoca* (massa de mandioca passada pelo tipiti, socada em pilão, seca ao sol, posta em paneiro e pendurada perto do fogo para secar).

Através do uso de peneiras muito finas, passava-se a farinha seca, e o que resultava do processo era a carimã. Como elucida Tainá Paschoal (2020), o processo para fabricar a farinha de água consistia em deixar as raízes da mandioca por longo tempo dentro da água, cerca de uns três dias, até que ela apodrecesse. Retirada então da água, descascava-se, lavava-se a raiz e só então ela era prensada. O caldo que saía desse processo é o tucupi (ou tuquipi). A farinha ia então para o forno por um tempo e era depois estocada, armazenada em cestos e paióis.

Já a tapioca "era um subproduto da farinha de água: no caldo tucupi ainda restava parte da massa da mandioca que ficava no fundo; após retirar o excesso do líquido, a farinha ia secar no forno e estava pronta" (PASCHOAL, 2020, p. 260).

A farinha seca era ralada, torrada e depois peneirada. Era também chamada de farinha de guerra, cozida e dura, e pode ser associada à comida dos desbravadores, dos padres, dos corsários, dos viajantes e, posteriormente, dos jagunços e de todos os que trilharam, pioneiramente, rotas dentro do sertão ou fizeram longas e penosas travessias marítimas rumo ao Velho Mundo.

4. dos usos

Além dos vários tipos de farinha, havia o beiju produzido com a farinha fresca (para se consumir mais rapidamente) e aqueles feitos com farinha seca, capazes de durar até 12 meses. Com menos tempo de cozimento, havia também a tapioca. Vale ainda lembrar que chamavam de "mingau" o que hoje chamamos de pirão: um caldo substancioso de peixe, carne ou aves, todos, claro, misturados com a farinha.

Gândavo já descrevia como delicioso o bolo de aipim. Havia também um bolinho chamado "miepês", cozido, e a farinha era utilizada para fazer biscoitos, massas, caldos. Para Gilberto Freyre, o primeiro doce brasileiro foi feito com a mistura de farinha de mandioca e melado de engenho, em 1535. Há, inclusive, um verso bem posterior do poeta nordestino João Cabral de Melo Neto que diz da alegria advinda desse sabor: "Escrever é igualzinho a comer mel de engenho com farinha". E podemos ainda nos lembrar, em *Caetés*, de Graciliano Ramos: "Vou preparar o Sardinha pela sua receita e misturo tudo com pirão de farinha de mandioca". Além desses dois autores nordestinos, outros também falaram das iguarias derivadas da mandioca: José de Alencar, em *O tronco do ipê* e *O garatuja*; Visconde de Taunay, em *Inocência*; José Veríssimo, em *A pesca na Amazônia*; Monteiro Lobato, em *Urupês*;

José Lins do Rêgo, em *Banguê*; Guimarães Rosa, em *Grande sertão: veredas*; e, claro, o incontornável *Macunaíma*, de Mário de Andrade: "E pediu pra mãe que largasse da mandioca rolando na cevadeira e levasse ele para passear no mato. A mãe não quis porque não podia largar da mandioca não...".

Mas dentro desse repertório evocado, um escritor mineiro talvez seja o que mais meticulosamente descreveu processos de preparo de receitas e fez da culinária uma das áreas mais trabalhadas do extenso manancial de suas memórias. Pedro Nava registrou sensorialmente a sua experiência com a comida e, com o rigor do médico que ele era, fez apontamentos de novos e antigos hábitos da comida brasileira. Entre inúmeras receitas, duas se sobressaem com o uso da farinha: a feijoada e o mexidinho.

Sobre a feijoada, que ele chamava de o "grande prato" ou "feijoada-completa-hino-nacional", descreveu não só o melhor modo de preparo segundo a sua criteriosa opinião, mas também um particular modo de consumi-la:

> Foi ao estro de sua mesa que pus em dia a melhor maneira de degustar a imensa iguaria. Prato fundo, já se vê, de sopa. Nele se esmagam quatro a cinco (mais, menos) pimentas-malaguetas entre verdes e maduras, frescas ou danadas no vinagre. Tiram-se-lhes carocinhos e cascas, deixa-se só a linfa viva que é diluída no caldo de um limão. Esse corrosivo é espalhado em toda a extensão do prato. Então, farinha em quantidade, para deixar embeber. Retira-se seu excesso que volta para a farinheira. Sobre a crosta que ficou, vai a primeira camada de feijão e mais uma de pouca farinha. Edifica-se com superposições de couve, de farinha, de feijão, de farinha, das carnes e gorduras, e do respaldo mais espesso cobertura final de farinha. Espera-se um pouco mais para os líquidos serem chupados, aspirados, mata-borrados e come-se sem misturar. Sobre o fundo musical e uniforme do feijão, sentem-se os graves do fumeiro, o majestoso do lombo, as harmonias do toucinho e os agudos, os álacres, os relâmpagos, os inesperados do subsolo de pimenta. E só. Um prato só. É de boa regra não repetir a feijoada completa. Um prato. Um só porque o bis, como o deboche – é reprovável (NAVA, 1976, p. 20).

Percebe-se, no saboroso trecho citado, que a maneira como Nava nos aconselha a consumir a feijoada é através de sobreposições sucessivas, em camadas. E a farinha é o elemento que mais se repete: primeiro com a pimenta, depois com o feijão, com a couve, com as carnes, com as gorduras...

Outro prato também citado, no qual o relevo da farinha é predominante, é o mexidinho. Com intensas afinidades com a receita das farofas (que muitas vezes são realizadas por meio do reaproveitamento das sobras de comida, uma reciclagem de restos de alimentos), o mexidinho deve ser feito, para Nava, numa frigideira com bastante gordura. Feijão, carne, ovo, linguiça, cará (o que se tem em mãos e deseja-se reaproveitar) são adicionados à panela. E joga-se a farinha aos poucos, como que pulverizada, até obter uma "farofa não muito solta". Para o escritor glutão, uma banana picada caía muito bem ao prato. E, antes, claro, uma "lambada de cachaça".

A bebida chamada "cauim", consumida nas festas pelos indígenas, atestava como a mandioca era um mantimento capaz de ser exaustivamente aproveitado: até as folhas na época da fome, como se verifica no uso primeiro das maniçobas. No terreno das bebidas, havia ainda a tiquara (água e farinha, como um refresco), o tacacá e o mocororó (bebida fermentada).

O francês Jean de Léry (1980, p. 113-114) comenta que "as raízes de aipim e mandioca, que servem de principal alimento aos selvagens, são também utilizadas no preparo de sua bebida usual". Numa outra passagem, esse pastor calvinista que veio ao Brasil como missionário, em 1556, descreve a maneira da produção da farinha de mandioca:

> Depois de arrancá-las, as mulheres (os homens não se ocupam disso) secam-nas ao fogo no *boucan* tal como descreverei adiante: ou então as ralam ainda frescas sobre uma prancha de madeira, cravejada de pedrinhas pontudas (como o fazemos ao queijo e a noz moscada), e as reduzem a uma farinha alva como a neve. Essa farinha crua bem como o farelo branco que dela sai apresentam um cheiro de amido diluído durante muito tempo na água, a ponto de por ocasião do meu regresso, ao encontrar-me certo

dia em lugar onde se preparava o amido, o cheiro da preparação me fez recordar logo das choças quando os indígenas lidavam com a farinha de mandioca (LÉRY, 1980, p. 113-114).

O que Léry identifica como *boucan*, sabe-se, é o moquém (do tupi antigo *moka'ẽ*) ou moqueteiro, uma grelha de madeira usada para defumar carne ou peixe e que ajudava a conservar os alimentos. Tinha a finalidade também de secar a mandioca, que era, posteriormente, ralada. O que saía desse processo também não é a farinha, como pensava o viajante francês, mas sim uma massa que, após ser espremida e seca ao sol, transformava-se em beiju. Os portugueses associaram esse prato indígena aos filhós, alimento muito apreciado em Portugal. Os beijus caíram no gosto dos colonizadores por essa semelhança e pelo fato de a farinha de trigo para a realização do pão ser rara e escassa para a maioria da população.

Em Minas Gerais, o mingau era quase sempre feito sem sal, porque esse ingrediente, por problemas de abastecimento, não conseguia chegar ao interior. O sal chegava a alguns lares mais abastados, mas era consumido com moderação, o que explica, até hoje, muitas pessoas fazerem a receita sem esse ingrediente. Outra curiosidade em termos de modos e costumes era o hábito de atirar a farinha seca à boca, num único arremesso. Tal destreza espantava os estrangeiros. Há inúmeros (e divertidos) relatos que expressam a incredulidade diante desses gestos, o que demonstra a familiaridade dos brasileiros com a farinha, como observa, por exemplo, Auguste Saint-Hilaire:

> Os luso-brasileiros chamam-na farinha de mandioca, ou de pau [...]. É misturada ao feijão e a outros pratos a que se costumam juntar molhos e, quando se comem com alimentos secos, lançam-na à boca com uma destreza adquirida, na origem, dos indígenas e que ao europeu muito custa a imitar [...] há luso-brasileiros que acham mesmo que, misturadas a certas substâncias alimentícias, é mais agradável que o pão de trigo (SAINT-HILAIRE, 1974, p. 56).

Mas foi a farinha (e não o beiju) que se revelou como o "pão do Brasil", pelas qualidades de conservação e de armazenamento. Nos relatos dos cronistas há também menção ao uso medicinal da mandioca, para uma sorte imensa de dores e sintomas. Todos esses usos nos tempos primeiros demonstram, como bem resume Sérgio Buarque de Holanda, que "onde lhes faltasse o pão de trigo, aprendiam a comer o pão da terra". E talvez muito mais: já havia, por parte das nações indígenas, o domínio da natureza, o que na modernidade chamamos de técnica.

5. dos trajetos interiores

Durante o Primeiro Império, uma expedição composta por vários estrangeiros empreendeu uma viagem pelo sertão brasileiro com o objetivo de realizar um inventário da flora, da fauna e das populações do país. Era início do século XIX, e a empreitada ficou conhecida como "Missão Langsdorff", nome do diplomata russo naturalizado alemão Georg Heinrich von Langsdorff, médico e naturalista, que encabeçou o projeto. Parece que conseguiram percorrer 16 mil quilômetros, entre 1824 e 1829. Mas foi uma viagem complicada: Langsdorff enlouqueceu no meio do sertão, e o pintor alemão Johann Moritz Rugendas teve graves desavenças com esse líder ainda no início da viagem e abandonou o grupo. Rugendas foi substituído por outro desenhista, Adriano Taunay, que, desgraçadamente, afogou-se no rio Guaporé durante a missão.

No entanto, Rugendas levou a cabo o objetivo de conhecer o Brasil e saiu sozinho, desenhando e escrevendo sobre "Paisagens", "Tipos e costumes", "Usos e costumes dos índios", "A vida dos europeus", "Europeus na Bahia e em Pernambuco", "Usos e costumes dos negros", subtítulos usados por ele no seu livro *Viagem pitoresca através do Brasil*, edição luxuosa publicada em Paris, em 1935, junto aos seus desenhos.

Nas páginas a seguir temos duas pranchas de Rugendas: a primeira, a preparação da mandioca, numa casa de farinha. Chama a atenção o formato da raiz, que mais se assemelha, neste desenho, ao cacau. As folhas são fidedignas, mas o verde que ilustra as mandiocas no chão em nada se parece com a cor marrom do ingrediente.

Na segunda, na Cascata da Tijuca, no Rio de Janeiro, vemos trabalhadores de origem africana secando a farinha. Impressionam a exuberância do cenário, a flora e a quantidade de farinha no chão, o que demonstra como era largamente produzida e consumida.

Infelizmente não temos o itinerário correto das excursões de Rugendas. Mas, lido na contemporaneidade, é ainda um documento curioso sobre a fauna, a flora e a diversidade humana, além de oferecer desenhos de uma plasticidade surpreendente.

Sobre o uso da mandioca, ele comenta em determinado ponto:

> Seria supérfluo citar aqui todas as plantas cujo talo ou raiz lhe servem de alimento. Não poupam tampouco as habitações dos brancos e não raros prejudicam grandemente as plantações de cana e de mandioca. É extraordinário que os índios possam comer, sem nenhuma consequência grave, a raiz da mandioca selvagem que provoca vômitos violentos nos europeus (RUGENDAS, 1979, p. 90).

Já em outro capítulo, descrevendo os hábitos alimentares do colono, observa que:

> A alimentação do colono é igualmente simples. Começa-se a refeição, em geral à tarde, com farinha de mandioca e laranjas; em seguida servem feijões pretos com toicinhos ou carne salgada. Acrescentam, às vezes, ao cardápio, galinha e arroz. A sobremesa consiste em queijo e frutas. A água é a bebida comum (RUGENDAS, 1979, p. 114).

Antes de começar a viagem expeditória que almejava alcançar "a cor" do jovem país, Rugendas se hospedou na casa do barão Langsdorff, o anfitrião que também era o chefe da trágica excursão. É curioso recuperar que a propriedade se situava em Magé, no Rio de Janeiro, e o nome da fazenda era... Mandioca.

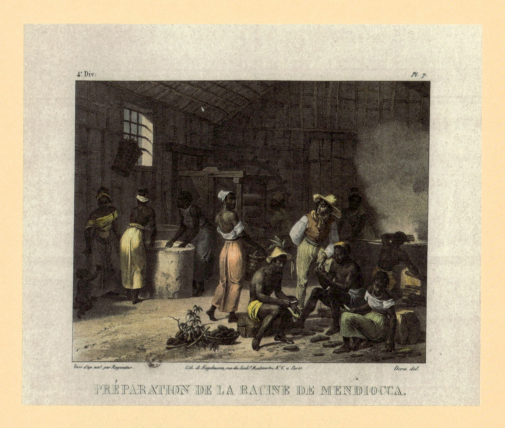

Figura 1: Preparação da farinha de mandioca.

Fonte: RUGENDAS, Johann Moritz. *Viagem pitoresca através do Brasil*. Trad. Sérgio Milliet. Belo Horizonte: Itatiaia; São Paulo: EdUsp, 1979.

Figura 2: Cascata da Tijuca.

Fonte: RUGENDAS, Johann Moritz. *Viagem pitoresca através do Brasil*. Trad. Sérgio Milliet. Belo Horizonte: Itatiaia; São Paulo: EdUsp, 1979.

o milho

O sertanejo festeja
A grande festa do milho
Alegre igual a mamãe
Que vê voltar o seu filho

Luiz Gonzaga

O milho pode ser chamado de "planta-civilização", tamanha a sua força nutritiva e de penetração no seio da cultura das Américas. A difusão desse alimento, após a conquista espanhola, foi intensa, com a planta sendo incorporada a países do Velho Mundo, como a Itália, ainda em 1600, dando origem a papas e mingaus, como a célebre polenta, que hoje é indissociável da identidade gastronômica desse país. No México, o uso do milho na cozinha remonta a 700 a.C., e temos uma imensa variedade de pratos oriundos das culturas maia e asteca, atualizados na contemporaneidade. Há quem diga que o cultivo do milho surgiu junto com a fabricação da cerâmica.

Exploradores da rota de Colombo noticiaram, em 1492, voltando de Cuba, uma espécie de grão, a que chamam maiz, que é bom de se comer assado, seco ou transformado em farinha.

O milho varre, assim, quase toda a América. Antes de Colombo, no Brasil, o seu cultivo se estendia pelo Rio Grande do Sul até a Serra do Mar, pelas bacias do Paraná, pelo sul da Amazônia, além de outras partes do Sul e do Sudeste. Os guaranis espalhavam, aonde iam em suas linhas de fuga e devires, a forma de cultivá-lo.

É bastante frequente encontrarmos nos livros sobre história da comida brasileira a afirmação de que onde se cultivava o milho não se cultivava a mandioca. Há quem defenda, como Paula Pinto e Silva (2005), que antes de os portugueses chegarem ao Brasil, o milho ocupava áreas muito mais extensas que a mandioca, já que suas plantações iam do sul da Amazônia até as bacias do Paraná. Aonde iam os tupiniquins e tupinambás (hoje guaranis, teneteharas e tapirapés), lá ia junto o milharal.

Assim, no período pré-cabralino, as farinhas e as bebidas fermentadas faziam parte do cotidiano alimentar dos povos indígenas, da forma como explica Jean-Pierre Poulain (2012, p. 807): o milho verde era consumido assado, e o branco, seco, como pipoca, canjica e bebidas fermentadas.

Talvez por isso exista uma conhecida lenda antiga que conta que o chefe Pareci, ciente de que iria morrer, pede a seu filho para enterrá-lo no meio da roça. O filho, que se chamava Kaleitôê, retorna três dias depois da morte do chefe, após uma forte inundação, e encontra uma planta, cheia de sementes, brotando, justamente no túmulo do pai. Guarda algumas sementes e as planta novamente. Nasce então o milho, cereal que é a base de quatro civilizações diferentes: maias, astecas, incas e chichas.

Assim, pelo nome Tonacajohua responde a deusa do *maiz* no México, aquela que sustenta os comensais. No Brasil, como se sabe, o termo "*maiz*" nunca foi usado, mas esse cereal perdura na dieta brasileira e se apresenta multiforme, variado, versátil, como podemos perceber nesta arguta descrição:

> Em cristal, mostra-se ao ponto para conservas. Quando verde, é ralado e coado para fazer angu lavado, pamonhas e corá. Maduro, o grão é debulhado e levado ao moinho, transformado em fubá. O fubá retirado em volta da moenda é o mimoso, muito fino, adequado aos mingaus, bolos e pães. Todo o resto que cai na masseira é retirado com o auxílio de uma pá de madeira e peneirado em peneira de taquara. Daí derivam dois produtos: a canjiquinha e o fubá. A primeira, muito usada como ração para galinhas e pássaros. É ração, mas a gente de Minas também a aprecia e muito. Cozida e refogada, é um ótimo alimento em forma de sopa, combinada com costelinha e caldo de feijão. Todo o resto que passou pela peneira é fubá (NUNES; NUNES, 2001, p. 68).

1. despensa do sertão

Se no Norte e no Nordeste do Brasil prevaleceu, durante a colonização, a mandioca, no Centro-Sul o milho e o feijão eram as preferências da população. Bases alimentares da subsistência dos colonizadores, em 1907 foi publicado o "Regimento de Castel-Branco" declarando serem oficiais os plantios de roça de milho, mandioca, banana, feijão, entre outros. Por isso são reconhecíveis, na dieta dos paulistas, as pamonhas e tantos pratos com o uso do milho, seja no curau, no cuscuz, nos bolos... O milho assado era bastante consumido no sertão, como, em grande quantidade, a farinha de milho, feita através da técnica assimilada pelo contato com as nações indígenas brasileiras: o milho era socado no pilão de madeira, depois o cereal era torrado e peneirado, o que resultava no produto que, neste livro, pulveriza tantas farofas.

Um registro anônimo de 1717 descreve uma quantidade numerosa de pratos que se faziam com o uso do milho: curau, bolos, biscoitos, aluá ou cerveja de milho verde, pipocas, farinhas, aguardente, alcamonias, canjica, pamonhas, e o fubá servia principalmente para fazer o angu para os escravos.

Quando jovem se chama milho verde, quando maduro, milho seco. A farinha de milho pode ser produzida tanto do novo quanto do seco (se os grãos forem reidratados). Os resultados são diversos, vão desde o conhecido fubá até a quirera e a canjica.

Antigamente era importante acompanhar o estado do cabelo do milho: se estivesse seco, era tempo das festas cristãs, com as suas receitas deliciosas, como as de curau (milho verde cru, açúcar, leite ou água), pamonha (enrolada na folha do milho e pode ser doce ou salgada, com queijo ou outros ingredientes), berém (parecido com um angu), sopa de milho verde (também conhecida como buré), caldo de milho verde, angu de milho verde, virado de milho verde...

2. a farinha de milho

A técnica tradicional para fabricar a farinha de milho era manual e ardilosa. Pilava-se e depois torrava-se o milho, no fogo. O pilão foi substituído pelo monjolo, e hoje temos a tração elétrica e moinhos com grande produtividade e agilidade.

A farinha de milho já foi também conhecida como farinha de munho, farinha de cachorro e piché (fubá torrado). Era muitas vezes usada em total substituição ao pão, misturada ao café, como recupera Frieiro num singelo soneto mineiro:

> Enquanto o pai quebra o milho
> Para os pintos, anda o filho
> Agarrado ao seu cuité.
>
> No chão limpo da cozinha,
> Pedindo à mãe mais farinha
> Para engrossar o café.

No café da manhã, no desjejum, esse prato era chamado de "quebra o torto". À noite, alteravam-se alguns ingredientes e se consumia a farinha de milho com o leite morno. Já há algum tempo desenvolvo a ideia de que por "jacuba" podemos entender uma espécie de rubrica, um apelido, para descrever um prato simples com pouca elaboração técnica e certa dose de improviso, feito apenas com dois ou três ingredientes, um mata-fome, para evitar o que relata, por exemplo, Euclides da Cunha em *Os sertões*: "Os longos dias de privações que vitimavam os próprios oficiais, um alferes, por exemplo, morrendo embuchado, ao desjejuar com punhados de farinha após três dias de fome".

A jacuba acrescentaria o líquido para que este mal não ocorra. Como exemplo dessa sapiência, vale recuperar a receita de jacuba da cozinheira mineira D. Lucinha:

Ingredientes
2 colheres de fubá torrado
2 colheres de queijo minas picado em cubos
café ralo de rapadura

———

Modo de preparo
Para preparar a jacuba, usar uma tigela. Colocar a
farinha, o queijo e por último o café bem quente.
Bom para as tardes e melhor ainda para as manhãs.

3. três desenhos do Brasil colonial

A itinerância é um dos fatores mais importantes para
o lugar cultural e simbólico que a farinha de milho possui
hoje na cultura brasileira, em especial, na cozinha paulista.
Em franca afinidade com as técnicas indígenas, o Brasil
colonial se apoiou na comida seca, durável, para avançar
em outras direções e regiões do país.

Três viajantes notaram a imensa importância do milho
durante as viagens empreendidas nos séculos XVIII e XIX.
Um francês de Nice, Hercules Florence, foi o segundo
desenhista da célebre (e conturbada) Missão Langsdorff,
já mencionada anteriormente. Após essa viagem, poucos
dias antes de regressar a Europa, apaixonou-se por uma
paulista e passou a viver (com todas as dores e delícias
do exílio) na cidade que hoje chamamos de Campinas.
Além de um acervo imagético importante dessa pioneira
viagem pelos rios brasileiros, junto com Taunay, Florence
nos deu um relato substancioso sobre um Brasil ainda
pouco conhecido. Ele era um inventor inquieto. Lendo
seus escritos percebemos como, além de artista e geógrafo,
ele contribuiu para a criação de técnicas importantes de
impressão e reprodução, e também da fotografia.

No livro *Viagem fluvial do Tietê ao Amazonas: 1825
a 1829*, esse inventor do exílio, nas proximidades de São
Paulo, relata-nos que:

Navegamos todo o dia, parando só para tomar refeição. De manhã, nossa gente almoçava farinha de milho desmanchada em água fria e açucarada (a jacuba). Ao meio-dia abicava-se para jantar. Comia-se a essa hora um prato de feijões feitos de véspera com toucinho e que, depois de aquecidos, misturaram-se com farinha de milho (FLORENCE, 2007, p. 34).

Outro célebre artista, Jean-Baptiste Debret, comenta também que, na falta do arroz, usava-se com frequência a canjica fina de milho, já que a canjica grossa era destinada para os mais pobres e para os escravos:

> Por isso, viajando-se numa estrada frequentada dessas regiões pode-se ter a certeza de encontrar sempre milho seco para animais e canjica para a restauração do viajante. Chama-se canjica uma sopa feita com uma espécie de milho branco, fervido no leite ou simplesmente na água com açúcar, à qual, por requinte, acrescentam-se algumas gemas (DEBRET, 1940, v. 2, p. 177).

Debret descreve também o processo do fubá. E sabemos, pelos registros, como os bandeirantes sobreviveram muito por conta da jacuba (cuja receita, curiosamente, no *Dictionnaire des cultures alimentaires*, de Poulain, é descrita como a mistura de farinha de milho, água quente, rapadura e cachaça).

O terceiro viajante desse tripé de cronistas, o comerciante inglês chamado John Mawe, que esteve no Brasil de 1807 a 1811, veio e escreveu sobre os recursos naturais, as gentes e os costumes, mas também discorreu sobre o que comiam os habitantes do Brasil no início do século XIX. No que concerne à agricultura, percebeu que a mandioca raramente era colhida em menos de 18 a 20 meses. Já o milho e as leguminosas amadureciam em terras boas em quatro a oito semanas. Muito do milho, acrescenta Mawe, era destinado aos porcos, cujo tempo de engorda era de oito a 10 meses antes do abatimento.

No seu livro, intitulado *Viagens ao interior do Brasil*, percebemos que o interesse principal desse viajante inglês eram os diamantes e as pedras preciosas (tudo leva a crer que teve muito êxito e conseguiu enriquecer bastante após a permanência no Brasil), mas aqui e acolá ele menciona os hábitos alimentares da população brasileira. Em Vila Rica, por exemplo, experimentou várias vezes a farinha de milho, alimento principal da região, e se interessou pelo seu preparo:

> fazem a princípio molhar os grãos na água; depois, quando inchados e ainda úmidos tiram-lhe a película externa; reduzem-nos a pequenos grãos. Colocam, então, a farinha em frigideiras de cobre levados ao fogo, e agitam-na constantemente até que esteja seca e boa para ser comida; aqui a empregam como sucedâneo do pão, tão comumente como no Rio de Janeiro, em São Paulo e em outros lugares, a farinha de mandioca (MAWE, 1978, p. 139).

Já em Cantagalo e outros lugares de "serra acima", descreve que a farinha de milho era usada habitualmente para ser misturada com o feijão e reforça como a mandioca era preferência da área litorânea e das zonas baixas da província fluminense. Mawe percebeu, em sua errância, como o milho e a mandioca eram alimentos "mata-fome", um arremedo, um drible para saciar a escassez nutritiva. Num determinado ponto da viagem, em Itambé, experimentou o que ele denominou melancolicamente de "morada da fome":

> Tudo aí apresentava com aparência dolorosa: as casas prestes a ruir, a frente das portas cobertas de ervas; e as plantas parasitas estendendo-se pela superfície dos jardins. O aspecto do lugar diferia também inteiramente do da região que eu antes percorrera: era árido, estéril e pedregoso. Tem-se toda a razão de supor, por esta descrição, que as nossas acomodações por aqui foram péssimas: paramos numa habitação miserável, onde nos serviram angu e feijão e, com muita dificuldade, conseguimos uma galinha. Meu criado viu-se obrigado a limpar todos os utensílios, a fim de que pudéssemos usá-los; os soldados, enquanto cozinhavam, eram forçados a vigiar o lugar para impedir que algum vagabundo esfaimado nos roubasse. Deparou-se-me, em seguida, a ocasião de ver o comandante do lugar. Respondeu-me friamente às minhas observações sobre o ar esfaimado dos aldeões: – "Enquanto tiverem milho para comer e água para beber, não morrerão de fome". Parti, com prazer, dessa morada da fome e repeti, com o coração alegre,

a exclamação que ela provocou aos portugueses: "Das misérias de Itambé o Senhor nos livre" (Mawe, 1978, p. 146).

Em outro roteiro, especificamente nas fazendas de Barro e de Castro, pertencentes ao abastado Conde de Linhares, em Minas Gerais, observa que a maneira de se alimentar dali é bastante semelhante à dos mineiros de São Paulo:

> feijão preto misturado com farinha de milho e um pouco de torresmo de toucinho frito ou carne cozida; ao jantar, um pedaço de porco assado; derramam água em um prato de farinha de milho; colocam tudo amontoado na mesa e aí põem também um prato de feijão cozido; cada um se serve à vontade; há apenas uma faca, da qual não fazem uso: um prato ou dois de couve completam o repasto; servem ordinariamente estas comidas nas panelas de barro em que foram cozidas; algumas vezes, as colocam em pratos de estanho. A bebida comum é água: na ceia só comem hortaliças cozidas e pequeno pedaço de toucinho para lhes dar gosto. Em dias de festa ou quando recebem pessoas estranhas, acrescentam, às refeições, uma galinha cozida (Mawe, 1978, p. 138).

4. milho para beber

Na América Latina em geral, os povos indígenas produzem a *chicha*, uma bebida fermentada à base de milho, cujo processo é similar ao cauim, à base de mandioca. Há quem afirme que a palavra "*chicha*" deriva de *chichab*, que no Panamá significa justamente "milho".

O trabalho, como outros culinários, de produzir a chicha era uma tarefa estritamente deixada a cargo das mulheres. Pedaços de milho ou de mandioca são fervidos até ficarem bem cozidos. Após esfriarem, meninas e mulheres se reuniam ao redor da panela e levavam uma porção até a boca, mastigavam para criar saliva e, depois, colocavam tal produto num segundo pote. As enzimas que existem na saliva são as responsáveis, assim, por converter essa pasta em açúcares fermentáveis. Tal pasta depois de mastigada era recolocada no fogo, e mexida e cozida.

Por último, deixava-se a bebida nos potes para fermentar ainda mais, para ser consumida nos dias de festa.

Os viajantes Hans Staden e Léry, ambos no século XVI, descrevem pormenorizadamente esse processo nas etnias guaranis e na tupinambá, de forma semelhante à *chicha* (só que se chamava *abatii*): a bebida era produzida após os caroços serem cozidos, mastigados pelas moças e velhas das tribos, fermentados na água e depois fervidos, na técnica que se chamava "cauinagem".

5. milharal caipira

Para Câmara Cascudo, os colonizadores portugueses não entenderam inicialmente a potência do milho. Encararam-no como "guloseima" e "acepipe". Só depois perceberam novos usos do milho seco e passaram a utilizá-lo amplamente como forma de subsistência nas viagens ao sertão. Tinha uma "subalternidade" na escala dos mantimentos do Brasil, porque era destinado para as aves, os cavalos, os porcos e para os escravizados e índios (Cascudo, 2004, p. 108).

Na contemporaneidade, é um ponto acordado que o milho encontra-se como pilar da típica cozinha caipira paulista, a matriz da cozinha caipira. Paçoca, virado à paulista, curau, pamonha, além das bebidas fermentadas, estão na dieta com força e em diversas releituras contemporâneas.

Trata-se, assim, da tarefa dos bandeirantes a disseminação do milho, além do solo paulista, em Mato Grosso e Minas Gerais. Não podemos esquecer a canjiquinha, o bambá de couve, o angu... Pratos mineiros típicos que já mostram a força dos escravizados que introduziram, com potência, o termo angolano *"quimbundo"* justamente para designar as comidas derivadas do milho: *mungunzá, fubá, aluá, acaça.*

Os portugueses incorporam essa vivência alimentar, como podemos constatar nesta canção: "Quem tem milho tem farinha/Quem tem farinha tem pão". E, aqui e agora, podemos então emendar: quem tem farinha tem também a mistura chamada farofa.

"Mandioca brava", Mercado Ver-o-Peso, Belém, Pará. Foto de Rochelle Costi.

"Área de farinhas", Mercado Ver-o-Peso, Belém, Pará. Foto de Rochelle Costi.

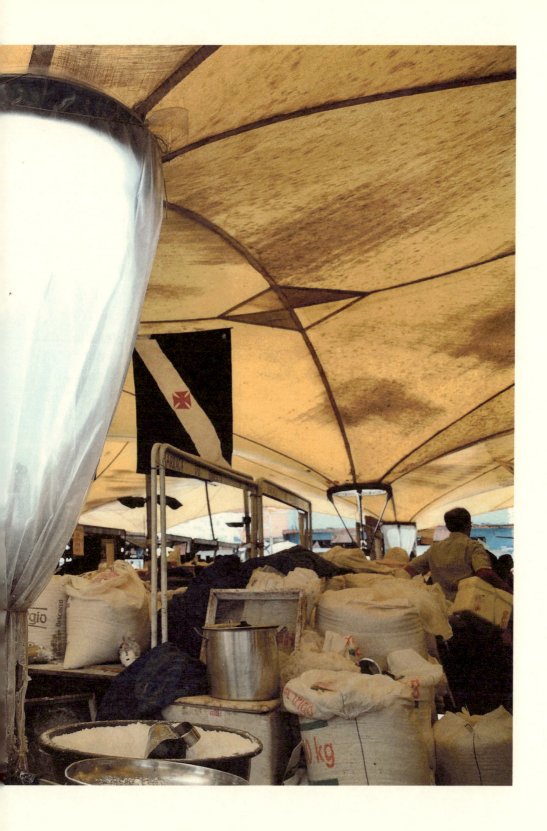

10 notas sobre a maneira de se fazer uma farofa

1 As farofas, ou farófias, são um prato de fácil execução, com tempo de preparo muito curto. Trata-se de uma mistura de um ingrediente graxo (manteiga, óleo, azeite, banha, margarina) + uma farinha (milho ou mandioca aqui neste livro, mas pode ser substituída por quinoa, amaranto, cream-cracker, farinha de aveia e mais uma dezena de produtos) + outro componente que geralmente é o protagonista (couve, cebola, ovo, carne, banana, azeitona, castanha, coco, coentro etc.).

2 Para dar certo (e quase sempre dá), deve-se atentar para as particularidades dos ingredientes da farofa. Exemplo: a abobrinha solta água, já a carne de sol, não, e isso deve ser levado sempre em consideração no momento de feitura do prato, para saber se é preciso adicionar mais ou menos gordura, mais ou menos farinha. Por isso sempre sugiro que vá colocando a farinha bem aos poucos, com o fogo ligado, e mexendo, sem parar, para que verifique o equilíbrio entre os ingredientes. Se fosse escolher um verbo para falar da ação de colocar farinha numa farofa, seria "pulverizar".

3 Há quem defenda que a fórmula básica da farofa pode ser resumida assim: para cada tanto de farinha, a metade deverá ser de gordura (ou caldo, ou molho, ou até mesmo água potável, como é o caso da farofa d'água) e um terço do ingrediente escolhido. Eu não sigo essa regra. Até que ela se aproxima das receitas das farofas de alho e de cebola, mas há outras tantas em que o ingrediente não é um terço da farinha, é quase a metade. Lembro-me da de miúdos, da do sertão, da de xerém de castanha-de-caju... e mais um tanto que sugiro que sejam farofas mais molhadas. Esse dado é muito importante: dependendo da receita, a farofa leva muito pouca farinha. Ela não é a base, só envolve e embala.

4 A panela ideal para fazer uma farofa é uma frigideira ou uma caçarola. Tem de ter boca larga e maior superfície para que a mistura aconteça integralmente.

5 Aconselho mesclar, numa farofa que leve manteiga, sempre um pouquinho de azeite. O óleo impede que a manteiga queime e fique escura.

6 Com o passar dos anos, aprendi também a aromatizar os óleos e as manteigas. Assim, as ervas (alecrim, tomilho, folha de louro, sálvia etc.) e as especiarias (curry, cominho, canela, páprica etc.) agregam muito sabor às farofas. Há várias receitas aqui que sugerem essa adição.

7 O sal quase sempre adiciono no final. Se a manteiga for salgada, ponho menos ainda. Mas há algumas receitas clássicas, como a de ovos, em que o sal e a pimenta-do-reino devem ser agregados durante a feitura. Na de ovo, mire a gema.

8 Sempre devemos pensar primeiramente no ingrediente e com qual gramatura de farinha ele combina mais. No Brasil temos acesso a uma quantidade imensa de tipos e variedades de farinhas: finas, grossas, flocadas, flocões, beijus... Como também deve-se saber se a farinha que estamos utilizando é crua ou torrada. Se for crua, pode deixar mais tempo no fogo, sempre mexendo, para que fique tostadinha. Se for torrada, leva-se menos tempo na mistura e talvez não incorpore tanto o sabor quanto a crua.

9 A salsinha, o coentro, a cebolinha, o cheiro-verde devem ser adicionados com a chama do fogão desligada e quase na hora de levar o prato à mesa.

10 O grande filólogo Antônio Houaiss era um "omnívoro" (como costumava repetir nas suas andanças como diplomata pelo mundo afora) e foi também escritor de livros de receitas. Sobre esse prato em particular, ele fez uma lista de 25 ingredientes capazes de resultar num novo tipo de farofa, entre eles: alho-poró, aipo, pão picado, torresmo crocante, repolho cozido, repolho cru, cenoura, ovo frito, ovo cozido, alho picado, cebola picada, tomates verdolengos, tomates maduros, couve picada capilarmente, banana crua em rodelas, salsa, cebolinha, coentro... mas o ingrediente mais importante ele deixou para o final da enumeração: *"uma porção de imaginação"*. Essa sabedoria é, a meu ver, a chave do sucesso desse prato flexível e acessível. Devemos testar variações. A farofa é um prato elástico. No cotidiano, fazemos com o que temos à mão, na geladeira. Com as sobras, aproveitamento e economia. Mas com muito capricho, pois, como também dizia Houaiss, nunca nos esqueçamos de que "à mesa não se declaram guerras, se bem servida".

**farofas para
dias quaisquer**

OVOS
serve de 2 a 4 pessoas

Coloque o óleo na frigideira, acrescente a cebola e leve ao fogo médio. Quando a cebola estiver transparente (ainda branca, não dourada), quebre os ovos com cuidado para não desmanchá-los, uma unidade em cada canto da frigideira. Deixe-os cozinharem intactos por uns dois minutos. Enquanto isso, coloque sal e pimenta-do-reino (mais na gema) ainda antes de mexer, para que os pedaços fiquem grandes e inteiriços. Acrescente a farinha de mandioca e continue mexendo cuidadosamente por mais ou menos um minuto, para que fique bem torradinha. Mas tome cuidado para não deixá-la com jeito de "ovos mexidos".

Sirva quente, com as ervas por cima.

- 3 ovos
- ½ xícara (chá) de óleo de girassol (ou o que preferir)
- 1 xícara (chá) de farinha de mandioca crua
- 1 cebola branca picada
- salsinha e cebolinha
- sal e pimenta-do-reino

alho
serve de 2 a 4 pessoas

Numa frigideira ou caçarola, coloque 2 colheres de manteiga, 1 colher de azeite e leve ao fogo médio. Quando as gorduras se misturarem, adicione os dentes de alho fatiados. Espere um pouco e não mexa até que as lâminas do alho fiquem transparentes, quase douradas. Retire-as do fogo e coloque-as para secar num papel-toalha.

Na mesma panela, acrescente mais 1 colher de azeite e as outras 2 de manteiga (aproveite e utilize também o que sobrou da fritura do alho) e mexa bem para que o sabor que restou do alho se distribua. Adicione aos poucos a farinha de mandioca e mexa por mais uns dois a três minutos. Com a frigideira ainda no fogo, junte o alho e misture até que a farofa fique bem homogênea. Tempere com um pouco de sal, lembrando que se usou manteiga salgada, será só mais um pouquinho.

- 1 cabeça de alho em fatias finas
- 4 colheres (sopa) de manteiga com sal
- 2 colheres (sopa) de azeite
- ½ xícara (chá) de farinha de mandioca de granulagem média
- sal

cebola
serve de 2 a 4 pessoas

Numa frigideira larga, coloque a manteiga e o azeite. Posteriormente, as cebolas bem picadinhas. Deixe-as por uns cinco minutos, mexendo sempre. Quando começarem a dourar, vá acrescentando a farinha de mandioca crua e misturando para que torre e se mescle às cebolas. Quando a mistura começar a querer ficar dourada, desligue.

Se quiser caprichar na apresentação, sugiro que doure umas fatias de cebola em rodelas, frite-as numa frigideira separada e coloque por cima do prato.

- 3 cebolas brancas médias
- 1 xícara (chá) de manteiga
- 1 colher (sopa) de azeite
- 2 xícaras (chá) de farinha de mandioca
- sal

couve
serve de 2 a 4 pessoas

Numa caçarola, coloque o azeite. Em fogo médio, adicione o alho e deixe-o fritar por um minuto. Acrescente a couve, mexendo sempre, por cerca de três minutos ou até a couve murchar. Tempere com sal. Adicione a farinha delicadamente e vá mexendo, sem cessar, até que a couve esteja totalmente incorporada à farinha.

Gosto muito do contraste entre o verde da couve e a farinha fina amarela. E a farinha, nessa receita, é apenas para polvilhar. Quem brilha mesmo é a verdura.

Sugere-se agregar, no final, torresminhos bem tostados ou pedacinhos de bacon frito em cima da farofa.

- 1 molho de couve cortado finamente
- ¼ de xícara (chá) de azeite (ou óleo, ou manteiga)
- 2 dentes de alho amassados
- 1 xícara (chá) de farinha mandioca amarela fina
- sal

banana
serve de 2 a 4 pessoas

Pique a banana em cubinhos. Aqueça a manteiga com um bom fio de azeite em uma caçarola, em fogo médio. Frite a cebola até ficar transparente e logo depois adicione a banana-da-terra. Quando esta começar a dourar, diminua o fogo e vá acrescentando a farinha. Misture delicadamente e tempere com sal.

- 1 banana-da-terra cortada em cubinhos
- 1 xícara (chá) de farinha de mandioca
- 1 cebola picadinha
- 3 colheres (sopa) de manteiga
- 1 colher (sopa) de óleo ou azeite
- sal

cenoura

serve de 2 a 4 pessoas

Rale a cebola num ralador grosso. Reserve. Em outra vasilha, rale as cenouras. Leve então uma frigideira ao fogo médio e aqueça a manteiga e o fio de azeite. Quando se misturarem, acrescente a cebola picada e deixe-a refogando até que fique transparente. Depois adicione a cenoura e deixe cozinhar por uns dois minutos. Adicione uma boa pitada de sal e vá polvilhando com farinha, delicadamente. Sirva com salsinha picadinha.

Sugestões para essa mistura-base:

ovos: é só fritar, numa frigideira separada, 2 ovos. Não os quebre muito, deixe-os mais inteiriços. Tempere com sal e coloque-os quando prontos junto à cebola e às cenouras.

linguiça: frite linguiça calabresa ou defumada, em rodelas bem pequeninas, em uma frigideira (ou então retire a tripa e só utilize a carne da linguiça). Coloque a cebola e espere uns dois minutos. Acrescente a cenoura, misture bem e ajuste o sal.

milho: refogue a cebola na manteiga até ficar transparente. Adicione depois a cenoura ralada e os grãos de milho verde e refogue por uns cinco minutos. Adicione sal e pimenta-do-reino. Sugere-se secar a cenoura com pano de prato antes de ser colocada na frigideira. A seguir, delicadamente vá adicionando a farinha flocada de milho, em fogo médio. Misture bem.

- 3 cenouras médias
- 1 cebola branca média
- 2 colheres (sopa) de manteiga
- 1 fio de azeite ou óleo
- 1 xícara (chá) de farinha de mandioca fina
- sal

cenoura e banana

serve de 2 a 4 pessoas

Corte as bananas em rodelas e deixe-as repousarem no caldo do limão. Numa panela larga, derreta a manteiga e o azeite e adicione a cebola até que fique dourada. Junte a cenoura e continue mexendo. Logo depois, a banana, e mexa a mistura por uns dois minutos. Ponha o sal e a canela e misture bem. Acrescente aos poucos a farinha de milho e, em fogo baixo, mexendo sem cessar, cozinhe por uns três minutos. Salpique com salsinha fresca.

- 3 bananas nanicas maduras em rodelas
- 2 cenouras raladas
- suco de ½ limão
- 1 xícara (chá) de manteiga
- 2 colheres (sopa) de azeite
- 2 cebolas roxas picadas
- sal
- 1 pitada de canela
- 2 xícaras (chá) de farinha de milho
- salsinha picada a gosto

quiabo e ovos
serve de 2 a 4 pessoas

Inicialmente cozinhe os ovos por uns dez minutos.

Em uma caçarola grande, em fogo alto, frite o bacon. Quando estiver crocante, retire-o e reserve.

Lave e seque os quiabos. Com a panela ainda no fogo, aproveite o resto da gordura do bacon, coloque o azeite e refogue a cebola, o alho e o quiabo por uns cinco minutos. Junte os ovos cozidos e picados à mistura. Então acrescente a farinha de milho delicadamente e mexa bem. Quando estiver torradinha, acrescente, por fim, a salsinha e o bacon. Ajuste o sal antes de servir.

- ½ kg de quiabo cortado em rodelas
- 3 ovos cozidos
- 150 g de bacon picado
- ¼ de xícara (chá) de azeite
- 1 cebola picada
- 2 dentes de alho amassados
- 2 xícaras (chá) de farinha de milho
- salsinha
- sal

alho-poró
serve de 2 a 4 pessoas

Numa frigideira, doure a cebola na manteiga e no azeite em fogo médio. Junte o alho-poró e doure até começar a perfumar. Vá polvilhando com a farinha, tempere com sal e pimenta-do-reino e mexa. Salpique salsinha antes de servir.

- 1 talo de alho-poró finamente picado
- 2 colheres (sopa) de manteiga
- 2 colheres (sopa) de azeite
- 1 xícara (chá) de farinha de mandioca
- sal e pimenta-do-reino
- salsinha

abobrinha
serve de 2 a 4 pessoas

Rale a abobrinha no ralador grosso. Deixe-a descansar um pouco com uma pitada de sal, num escorredor, onde possa liberar a água, por mais ou menos quinze minutos. Enquanto isso, rale a cebola e descasque o alho.

Em fogo médio, coloque numa caçarola a manteiga e o fio de óleo. Junte a abobrinha e tempere com sal e pimenta-do-reino. Não deixe o legume cozinhar muito, porque fica melhor com consistência firme. Junte a farinha de mandioca ou de milho, mexa bem e sirva polvilhado de salsinha.

- 2 abobrinhas raladas
- 3 dentes de alho
- 1 cebola pequena ralada
- 3 colheres (sopa) de manteiga
- 1 fio de azeite ou óleo
- 1 ½ xícara (chá) de farinha de milho ou de mandioca
- sal e pimenta-do-reino

salsão
serve de 2 a 4 pessoas

Numa frigideira, aqueça a manteiga e doure o bacon. Posteriormente acrescente a cebola e logo em seguida o salsão. Refogue-os por cerca de cinco minutos em fogo médio. Tempere-os com sal e pimenta-do-reino. Adicione a farinha suavemente até se misturarem completamente.

- 2 talos médios de salsão picados
- 1 xícara (chá) de manteiga com sal
- 200 g de bacon picado
- 2 cebolas raladas
- 2 xícaras (chá) de farinha de mandioca torrada
- sal e pimenta-do-reino

bacon e alho

serve de 2 a 4 pessoas

Numa frigideira larga frite o bacon na manteiga. Quando o bacon tiver liberado a sua gordura, coloque o alho laminado. Antes de o alho ficar dourado, vá colocando a farinha e mexendo suavemente. Adicione o sal e misture mais uma vez para que todos os ingredientes estejam envolvidos.

- 100 g de bacon
- 6 dentes de alho em lâminas
- 3 colheres (sopa) de manteiga
- 1 ½ xícara (chá) de farinha de milho flocada
- sal

vagem
serve de 2 a 4 pessoas

Ferva ½ litro de água. Quando a água entrar em ebulição, ponha as vagens e deixe-as cozinharem por uns cinco minutos.

Enquanto espera o cozimento dos legumes, coloque o azeite e a cebola numa frigideira até começar a perfumar e dourar. Adicione as vagens (cuide para que estejam secas, ou seja, aconselho secá-las num pano de prato ou num papel-toalha) e mexa cuidadosamente. Tempere-as com sal e pimenta-do-reino. Por último, polvilhe com a farinha de mandioca, mexa por alguns segundos e sirva a seguir.

- 10 vagens picadas em rodelas muito finas
- 1 cebola branca média picada
- 5 colheres (sopa) de azeite (ou óleo)
- 1 xícara (chá) de farinha de mandioca amarela ou branca
- sal e pimenta-do-reino

coentro
serve de 2 a 4 pessoas

Aqueça o azeite numa frigideira média sobre fogo moderado. Acrescente o colorau, o gengibre e por último o coentro. Não deixe cozinhar muito, o preparo deve ser rápido, para o coentro não escurecer. Vá polvilhando com a farinha, tempere com sal, prove e desligue o fogo.

- 2 colheres (sopa) de coentro picado
- 4 colheres (sopa) de azeite
- 1 colher (sopa) de colorau
- 1 xícara (chá) de farinha de milho
- 1 colher (chá) de gengibre ralado
- sal

brócolis e alho
serve de 2 a 4 pessoas

Lave bem os brócolis, separe os floretes e pique todos os talos bem finos. Se quiser, pode usar também as folhas, desde que bem cortadinhas.

Coloque o azeite numa frigideira larga em fogo médio, depois o alho e a cebola. Espere até que fiquem transparentes. Em seguida, acrescente os brócolis, os talos, o sal e a pimenta, e deixe abafar por alguns minutos. Por fim, acrescente a farinha de milho.

- 1 maço de brócolis (não somente o florete, mas também os talos)
- 5 dentes de alho espremidos
- 1 cebola branca picada em cubos
- ½ xícara (chá) de azeite
- 1 xícara (chá) de farinha de milho flocada
- sal e pimenta-do-reino

guandu (andu) ou feijão verde

serve de 2 a 4 pessoas

Numa tábua, pique o toucinho em pedaços bem pequenos. Posteriormente lave-o bem, em água corrente, para retirar o excesso de sal. Leve-o ao fogo coberto por água. Cozinhe o toucinho por uns quinze minutos e mexa de vez em quando. Quando secar a água, deixe que frite na própria gordura até ficar dourado. Retire-o com uma escumadeira, escorra-o em papel-toalha e reserve.

É importante trocar de panela, uma vez que o toucinho geralmente tem muito sal e este se deposita no fundo. Utilize apenas uma pequena parte da banha derivada da fritura numa outra panela, adicione o bacon e frite. Junte a cebola e o alho amassado, espere alguns minutos e vá despejando vagarosamente a farinha. Mexa sempre suavemente.

Só quando essa primeira "farofa" estiver pronta é que se adiciona o feijão cozido. Coloque os torresmos, mexa bem, ajuste o sal. Sirva com o tempero verde e torremos por cima.

- 3 xícaras (chá) de feijão guandu ou de feijão verde cozido
- 250 g de toucinho salgado picado em cubinhos
- 100 g de bacon
- 1 cebola grande em rodelas finas
- 4 dentes de alho amassados
- 1 xícara (chá) de farinha de mandioca
- coentro e cebolinha bem picados

torresmo
serve de 2 a 4 pessoas

Sugiro inicialmente o manuseio da barriga de porco ainda congelada, para facilitar o corte da carne em pequenos cubos. Após fatiá-la, coloque os pedaços numa panela alta e em fogo baixo. Frite a carne lentamente. O processo é um pouco demorado, porque o toucinho deve soltar bastante a gordura. Enquanto frita, mexa de vez em quando. Quando começar a fazer barulho e mudar de tonalidade, tampe a panela para se proteger dos estouros que decerto virão. Deixe a panela fechada até os barulhos (similares aos da pipoca) cessarem. Com cuidado, abra e verifique se já estão dourados e com aspecto de torresmo. Se sim, desligue e aguarde alguns minutos até a gordura esfriar. Retire então os torresmos com a ajuda de uma escumadeira e coloque-os em papel-toalha para retirar o excesso de óleo.

- 300 g de toucinho de barriga
- 1 cebola ralada
- 5 dentes de alho amassados como pasta
- farinha de mandioca branca ou amarela (quantidade variável)
- salsinha e cebolinha
- sal

Provavelmente você terá de descartar quase a metade gordura da fritura para fazer a farofa. Passe então o equivalente a 1 xícara (chá) de gordura para uma frigideira, ligue o fogo novamente e acrescente a cebola ralada, que deve ficar dourada. Acrescente o alho amassado em pasta e frite mais um pouco. Vá então colocando a farinha de mandioca e misturando bem para que ela hidrate, por cerca de três a quatro minutos. Essa farofa fica mais gostosa se a farinha torrar. Desligue o fogo e acrescente os torresmos, a salsinha, cebolinha e o sal. Verifique o sal.

carne de lata

serve de 2 a 4 pessoas

Leve ao fogo a carne de lata junto com um bocado da banha que a envolve. Quando a gordura derreter, com a ajuda de um garfo tire os pedaços do fogo e os desfie, não em pedacinhos muito finos, mas em lascas grossas.

À banha que restou na panela junte mais banha, e coloque as cebolas em rodelas. Frite-as até começarem a dourar. Junte então a carne, a pimenta e a farinha, e mexa bem. Desligue e salpique com cebolinha verde bem picadinha.

- 2 pedaços grandes de carne suína em lata
- 2 cebolas roxas em rodelas finas
- 4 colheres (sopa) da banha de porco
- 1 pimenta dedo-de-moça picada, sem sementes
- 1 xícara (chá) de farinha de mandioca
- cebolinha
- sal

matula de viagem
serve de 2 a 4 pessoas

Retire o frango da panela em que foi frito e no mesmo recipiente acrescente o óleo, o colorau, a cebola e o alho. Mexa vigorosamente até conseguir arrancar do fundo da panela o que restou do preparo da ave.

Espere alguns minutos até a cebola ficar bem dourada. Coloque os pedaços do frango nessa panela e vá adicionando a farinha de mandioca até que envolva todos os pedaços. Mexa bem para incorporar o caldo. Acrescente uma erva (salsinha, cebolinha, tomilho) para agregar mais sabor.

Espere esfriar antes de colocar no recipiente da viagem.

- Pedaços inteiros de frango frito (de preferência caipira)
- 1 cebola grande picada
- 4 colheres (sopa) de azeite (ou óleo)
- 3 dentes de alho
- 1 colher (chá) de molho de pimenta (ou uma ou duas pimentas picadas, a gosto)
- 1 colher (chá) de colorau (ou páprica picante)
- farinha de mandioca (o quanto baste)
- salsinha, cebolinha e tomilho picados

carne de sol com cebola roxa

serve de 2 a 4 pessoas

Leve uma frigideira grande ao fogo médio e coloque a manteiga de garrafa e a cebola. Refogue até ficar transparente. Junte depois o alho e continue mexendo. Adicione a carne seca até ser completamente envolvida pela manteiga. Vá mexendo e deixe dourar. Acrescente por fim a farinha de mandioca bem aos poucos, coloque a pimenta dedo-de-moça e tempere com sal. Salpique com cebolinha verde por cima e sirva a seguir.

- 300 g de carne de sol (ou carne seca) frita
- 2 cebolas roxas picadas em rodelas finas
- 2 dentes de alho picados finamente
- ½ xícara (chá) de manteiga de garrafa
- 1 xícara (chá) de farinha de mandioca torrada
- 1 pimenta de dedo-de-moça, sem sementes, picada
- cebolinha
- sal

milho verde
serve de 2 a 4 pessoas

Coloque a manteiga numa panela e espere derreter. A seguir, para não queimá-la, acrescente o fio de azeite. Junte então os grãos do milho verde, o curry e o sal, e mexa bem. Lembre-se de que, se utilizar o milho verde em conserva, deve, antes de tudo, escorrê-lo, jogar fora a salmoura e secar os grãos. Com a frigideira ainda no fogo vá adicionando, aos pouquinhos, a farinha. Finalize acrescentando a salsinha.

- 4 espigas de milho verde ou 1 lata de milho verde em conserva
- 4 colheres (sopa) de manteiga
- 1 fio de azeite
- 1 cebola picadinha
- 1 colher (chá) de curry
- ½ xícara (chá) de farinha de milho torrada
- salsinha
- sal

pequi
serve de 2 a 4 pessoas

Se você for utilizar o pequi fresco, deve cozinhá-lo bem e depois cuidadosamente retirar a polpa. Caso opte pelo pequi em conserva, lave-o bem antes de o utilizar. A seguir, bata a polpa com o azeite (ou óleo) no liquidificador.

Aqueça uma caçarola em fogo médio e coloque a mistura. Quando esquentar, tempere com sal e vá adicionando, aos poucos, a farinha.

Para os apaixonados pelo fruto, vale dispor a farofa com outros frutos cozidos para serem consumidos junto à farofa.

- 2 pequis cozidos picados ou 60 g de polpa de pequi em conserva
- 3 colheres (sopa) de azeite de oliva (ou óleo de pequi)
- 1 xícara (chá) de farinha de mandioca amarela
- 1 colher (chá) de açafrão em pó
- sal
- cebolinha e salsinha

roupa suja
serve de 2 a 4 pessoas

Esta receita não pode ter medidas exatas, porque se trata de um reaproveitamento. É o exemplo perfeito de que a farofa é um prato que fazemos com o que temos nas mãos.

Coloque o azeite para esquentar e acrescente a cebola e o alho, mexendo bem. Quando estiverem amorenando, misture a carne e logo depois as azeitonas. Adicione uma boa pitada de pimenta-do-reino e, aos poucos, a farinha. Jogue uma ervinha por cima e sirva.

- sobras de carne bovina ou suína (cozida, frita ou assada)
- cebola em rodelas largas
- alho
- azeite
- azeitonas picadas
- manteiga
- farinha de mandioca
- pimenta-do-reino
- salsinha
- sal

ovos duros
serve de 2 a 4 pessoas

Cozinhe os ovos por aproximadamente dez minutos, até que estejam bem consistentes. Descasque-os e corte-os em cubos.

Aqueça o azeite (ou manteiga, ou óleo) numa frigideira e deixe a cebola cozinhar até ficar transparente. Vá, com o fogo ainda ligado, adicionando a farinha. Tempere com sal e, por fim, coloque os ovos duros, misturando delicadamente. Desligue o fogo e adicione a salsinha.

- 3 ovos cozidos
- 1 cebola branca picada
- 4 colheres (sopa) de azeite, manteiga ou óleo
- sal
- salsinha

dendê
serve de 2 a 4 pessoas

Adicione o azeite de dendê em uma frigideira, leve ao fogo médio e deixe aquecer. Junte a cebola picada e frite. Acrescente a farinha de mandioca bem aos poucos, mexendo sempre. Para a farinha tostar, deve-se ficar no fogo médio de dez a quinze minutos, sempre mexendo. Tempere com sal e sirva.

- ½ xícara (chá) de azeite de dendê
- ½ cebola picada em cubos
- 1 ½ xícara de chá de farinha de mandioca crua
- sal

rala queijo
serve de 2 a 4 pessoas

Aqueça a manteiga numa frigideira e logo depois adicione o queijo ralado. Então acrescente a farinha lentamente. Tempere com sal.

- 2 colheres (sopa) de queijo ralado grosseiramente (canastra, do salitre, do serro ou qualquer queijo mineiro curado)
- 4 colheres (sopa) de manteiga
- 1 xícara (chá) de farinha de mandioca ou de milho
- sal

paçoca
serve de 2 a 4 pessoas

Lave bem a carne de sol para retirar o excesso de sal. Corte-a em cubos de mais ou menos dois dedos de espessura. Numa panela grande, em fogo médio, coloque um fio de óleo, a cebola e a carne de sol. Vá mexendo até começar a dourar. Quando começar a querer grudar no fundo da panela, acrescente um pouco de água quente e vá repetindo a operação até a carne ficar bem escura. Esse método é conhecido tradicionalmente como "pinga e frita". Quando a carne estiver bem frita, já querendo desfiar, desligue o fogo e, com o auxílio de uma colher, raspe o fundo da panela e misture o que retirar com a carne. Deve-se aproveitar tudo.

Num pilão de madeira, coloque inicialmente uma parcela da carne com um bocado de farinha. Soque, com firmeza, até homogeneizar a mistura. Adicione a pimenta e repita a operação até acabar a carne. Deve-se lembrar que a carne já pilada, já uma paçoca, continua no pilão e sobre ela é acrescentada sempre um novo montante de carne, em ações sucessivas.

Um dos segredos da boa paçoca é ir sendo feita aos poucos. Nunca coloque carne em demasia, nem farinha.

- 2 kg de carne de sol (de preferência "duplo pelo", com capa de gordura)
- 1 fio de óleo
- 5 cebolas cortadas em rodelas
- água quente (quantidade variável)
- 4 pimentas dedo-de-moça sem sementes e picadas finamente
- farinha de mandioca

farofas para
dias de festa

perfumada
serve de 5 a 10 pessoas

Em uma caçarola larga frite o bacon até dourar. Em seguida acrescente o damasco e o figo. Refogue por uns dois minutos. Retire o bacon e as frutas e reserve-os numa vasilha.

Na mesma caçarola, coloque a manteiga e, posteriormente, a cebola e folhas de tomilho. Quando a cebola ficar transparente, incorpore o curry e a canela, e mexa bem. Em seguida, bem delicadamente, incorpore a farinha. Mexa sem parar até ela ficar torradinha. Tempere com pimenta-do-reino e sal.

Junte o bacon e as frutas. Decore com pedaços inteiros de damasco e figo e com tomilho.

- 250 g de bacon defumado
- 1 ½ xícara (chá) de damasco seco cortado em tiras
- 1 ½ xicara (chá) de figo seco cortado em tiras
- 1 xícara (chá) de manteiga com sal
- 1 cebola grande ralada
- tomilho
- 1 colher (chá) de curry picante
- 1 colher (chá) de canela
- 2 xícaras (chá) de farinha de mandioca fina
- pimenta-do-reino moída
- sal

pistache
serve de 5 a 10 pessoas

Numa frigideira larga, refogue bem a cebola na manteiga. Adicione o pistache e deixe torrar um pouquinho. Lentamente vá adicionando a farinha, mexendo bem. Ajuste o sal.

- ½ xícara (chá) de pistache
- ½ xícara (chá) de manteiga
- 1 cebola picada
- 1 xícara (chá) de farinha de mandioca
- sal

parma e ovos
serve de 5 a 10 pessoas

Em uma frigideira grande, em fogo médio, refogue a cebola na manteiga até ficar transparente. Coloque os ovos estrategicamente e não os misture. Tempere-os com sal. Quando a gema começar a ficar dura, vá adicionando a farinha e mexa cuidadosamente. Coloque o presunto por último e misture ligeiramente.

- 200 g de presunto cru em tiras fininhas
- 4 ovos
- ½ xícara (chá) de manteiga
- 1 cebola grande picada
- 2 xícaras (chá) de farinha de mandioca flocada (tipo beiju)
- sal

ervas do quintal
serve de 5 a 10 pessoas

Em uma panela, aqueça o óleo e doure a cebola. Junte as ervas e cozinhe-as por apenas um minuto, até soltarem o sabor. Adicione a farinha, misturando delicadamente. Tempere com sal e decore o prato com folhas das ervas utilizadas.

- 4 colheres (sopa) de azeite ou manteiga
- 1 cebola ralada
- 4 colheres (sopa) de orégano fresco
- 2 colheres (sopa) de tomilho
- 6 folhas de sálvia
- 1 xícara (chá) de farinha de mandioca
- sal

fora do comum
serve de 5 a 10 pessoas

Em uma panela, derreta a manteiga e cozinhe a cebola, e logo depois o salsão, o damasco, a uva-passa e as nozes por uns cinco minutos. Acrescente a farinha e misture bem. Logo depois, junte a páprica e o aceto. Desligue o fogo quando a farinha começar a querer torrar.

- 1 xícara (chá) de manteiga com sal
- 1 cebola branca picada
- 2 talos de salsão picados
- 1 xícara (chá) de damasco seco picado
- 1 xícara (chá) de uva-passa
- ½ xícara (chá) de nozes picadas
- 1 colher (chá) de páprica picante
- 1 colher (café) de aceto balsâmico
- 2 xícaras (chá) de farinha de mandioca

miúdos
serve de 5 a 10 pessoas

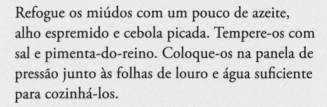

Refogue os miúdos com um pouco de azeite, alho espremido e cebola picada. Tempere-os com sal e pimenta-do-reino. Coloque-os na panela de pressão junto às folhas de louro e água suficiente para cozinhá-los.

Quando macios, desligue o fogo e, numa tábua, pique os miúdos em pedaços bem pequenos. Não descarte o molho que se formou no cozimento. Deixe reservado.

Leve uma frigideira grande e larga para aquecer em fogo médio. Coloque a manteiga e deixe a cebola murchar. Acrescente então os pedaços de fígado, coração e moela, e mexa bem. Deixe por cerca de cinco minutos, até dourar. Coloque um pouco do caldo do cozimento dos miúdos e tempere a mistura com sal, pimenta-do-reino e pimenta dedo-de-moça. Diminua o fogo e junte a farinha de mandioca bem aos poucos, mexendo sempre. Desligue o fogo e misture a salsinha. Sirva a seguir.

- ½ kg fígado de galinha
- ½ kg coração de galinha
- ½ kg moela de galinha
- 2 xícaras (chá) manteiga
- 5 dentes de alho
- 2 cebolas
- 2 xícaras (chá) de farinha de mandioca
- 2 pimentas dedo-de-moça sem semente
- 2 folhas de louro
- pimenta-do-reino
- azeite
- salsinha
- sal

misturinha
serve de 5 a 10 pessoas

Cozinhe os miúdos em água, sal, pimenta-do-reino e folhas de louro. Quando estiverem macios, escorra e reserve. Não jogue fora o caldo do cozimento. Pique os miúdos em pedaços pequenos.

Numa frigideira larga, refogue a cebola na manteiga e junte posteriormente o alho. Mexa bem. Acrescente então os miúdos picadinhos e vá mexendo por uns dois minutos. Coloque o tomate e, bem aos poucos, o caldo do cozimento dos miúdos. Agregue a essa mistura o milho verde, o pimentão, a azeitona e a pimenta-de-cheiro. Bem devagarinho, vá adicionando a farinha. Disponha de cheiro-verde, salpicado, ao servir.

- miúdos de frango (fígado, coração, moela, geralmente a quantidade que vem no interior da ave)
- 1 xícara (chá) de manteiga
- 1 cebola branca picada finamente
- 1 pimenta-de-cheiro sem sementes
- 1 xícara (chá) de milho verde cozido
- 1 tomate picado
- ½ pimentão picado
- 6 azeitonas pretas picadas
- 1 xícara de farinha de milho
- cheiro-verde
- folhas de louro
- pimenta-do-reino
- sal

castanhas e frutas secas
serve de 5 a 10 pessoas

Numa panela média, coloque a manteiga e em seguida o azeite. Acrescente a cebola ralada e mexa até que esteja corada. Junte as frutas secas e as castanhas e, em seguida, as especiarias. Após uns dois minutos, sempre mexendo, vá acrescentando, aos poucos, a farinha e um pouco de sal. Espere que as castanhas e as frutas secas estejam envolvidas na farinha e desligue o fogo.

- 200 g de mix de castanhas
  (à escolha: nozes, amêndoas, pistache, castanha...)
- 100 g de frutas secas
  (à escolha: uvas-passas brancas, pretas, banana, abacaxi...)
- 3 colheres (sopa) de manteiga
- 1 colher (sopa) de azeite
- 1 cebola pequena ralada
- 1 colher (chá) de curry amarelo
- 1 colher (chá) de canela
- 1 colher (chá) de cominho
- 1 ½ xícara (chá) de farinha de mandioca
- sal

parma com mel
serve de 5 a 10 pessoas

Coloque numa panela a manteiga, seguida de um fio de azeite. Acrescente o mel e adicione a cebola, mexendo até que a cebola fique dourada. No fogo baixo, vá adicionando a farinha e mexendo sem cessar até que tenha se misturado completamente com a manteiga. Acrescente o parma. Verifique o sal e sirva em seguida.

- 150 g de presunto parma picado
- ¼ de xícara (chá) de mel de abelha
- 1 cebola pequena picada
- 2 xícaras (chá) de manteiga
- 1 fio de azeite
- 3 xícaras (chá) de farinha de mandioca
- sal

coco queimado
serve de 5 a 10 pessoas

Numa frigideira coloque 1 colher de manteiga e doure o coco ralado até que ele fique com um tom amorenado. Reserve.

Na mesma panela, acrescente o restante da manteiga. Quando derreter, vá adicionando a farinha de mandioca e misturando até torrá-la. Junte o coco à farinha e tempere com sal.

- 1 xícara (chá) de coco seco desidratado (sem açúcar)
- ½ xícara (chá) de manteiga
- ½ xícara (chá) de farinha de mandioca granulada
- sal

camarão e coco
serve de 5 a 10 pessoas

Antes de tudo, limpe e tempere os camarões com sal, alho e um pouquinho de pimenta-do-reino. Coloque então uma frigideira sobre fogo moderado com um pouco de azeite de oliva e salteie os camarões bem rapidamente, somente para dourá-los.

Retire-os e reserve-os numa vasilha. Na mesma panela em que os salteou, adicione o azeite de dendê e o de oliva. Logo depois, a cebola, o coco fresco e a pimenta dedo-de-moça. Adicione o camarão e mexa até que os ingredientes se envolvam completamente. A seguir, coloque a farinha aos poucos e vá mexendo. Tempere com sal e desligue o fogo. Sirva a farofa com coentro fresco por cima.

- 300 g de camarão miúdo (rosa, sete-barbas ou cinza)
- 2 colheres (sopa) de azeite de dendê
- 2 colheres (sopa) de azeite de oliva
- 1 cebola média picada
- 2 dentes de alho espremidos
- 1 pimenta dedo-de-moça sem sementes
- 1 coco fresco ralado
- 1 xícara (chá) de farinha de milho (ou de mandioca)
- sal
- coentro

farofa d'água
serve de 5 a 10 pessoas

Em uma tábua, pique os legumes e as ervas como se fossem para um vinagrete. Na mesma vasilha, junte o vinagre, o azeite, o sal, a pimenta-do-reino e a pimenta dedo-de-moça. A seguir, acrescente a água gelada e, logo em seguida, a farinha de mandioca. Misture bem. Esta farofa fica deliciosamente empelotada e não vai ao fogo.

- ⅓ xícara (chá) de água gelada
- ¼ xícara (chá) de azeite
- 2 tomates não muito maduros, sem sementes, cortados em cubos bem pequenos
- 1 cebola roxa picada finamente
- ½ xícara (chá) de coentro picado
- ½ xícara (chá) de salsinha e cebolinha picadas
- 1 pimenta dedo-de-moça picada sem sementes
- 1 colher (sopa) de vinagre de maçã
- 1 xícara (chá) de farinha de mandioca de granulagem fina
- sal e pimenta-do-reino

predileta para o churrasco
serve de 5 a 10 pessoas

Numa frigideira, frite o bacon até ficar crocante. Retire-o e coloque-o sobre papel-toalha para absorver a gordura.

Numa panela, adicione a manteiga e misture com o resto da gordura do bacon. Junte a cebola e o alho, mexendo sempre. Coloque os ramos de alecrim, tomando cuidado para que não desagreguem. Assim que a cebola dourar, deve-se retirar integralmente o alecrim, que dará um delicioso perfume a farofa. Vá colocando aos poucos a farinha, mexendo sempre. Quando chegar ao ponto de farofa, adicione o bacon e misture delicadamente. Sirva-a salpicada de salsinha.

- 5 fatias de bacon picadas finamente
- 3 dentes de alho amassados
- 3 colheres de sopa de manteiga
- 1 cebola branca ralada
- 3 galhos inteiros de alecrim
- 2 xícaras (chá) de farinha de mandioca
- sal

cebolas caramelizadas
serve de 5 a 10 pessoas

Numa frigideira grande de fundo grosso coloque o azeite e as cebolas e polvilhe-as com o açúcar em fogo médio. Coloque o tomilho e mexa bem. Abaixe o fogo e deixe as cebolas cozinharem por mais ou menos dez minutos, até que estejam escuras. Retire o tomilho e ainda em fogo baixo vá acrescentando a farinha aos pouquinhos. Desligue o fogo quando os ingredientes estiverem completamente integrados uns aos outros.

- 4 cebolas brancas cortadas em meia-lua
- 2 xícaras (chá) de azeite
- 2 colheres (chá) de açúcar mascavo
- 2 xícaras (chá) de farinha de milho ou de mandioca
- 4 ramos de tomilho
- sal

maracujá
serve de 5 a 10 pessoas

Em uma panela e em fogo médio, refogue a cebola picadinha na manteiga até antes de dourar. Adicione em seguida a polpa dos maracujás com as sementes e o açúcar, e misture por uns três minutos. Em fogo baixo vá acrescentando a farinha de milho, mexendo sempre com uma colher de pau. Ajuste o sal.

- 3 colheres (sopa) de polpa de maracujá azedo
- 3 colheres (sopa) de manteiga
- 1 cebola picada
- 1 colher (chá) de açúcar demerara
- 2 xícaras (chá) de farinha de milho flocada e amarela
- cebolinha e salsinha
- sal

pernil com abacaxi
serve de 5 a 10 pessoas

Tempere a carne com um pouco de caldo de limão, sal e pimenta-do-reino. Reserve. Numa frigideira, coloque o bacon e, quando começar a dourar, agregue o pernil. Deixe cozinhar até ficar bem dourado.

Numa outra frigideira, coloque a manteiga e frite o abacaxi até também ficar dourado.

Na maior das frigideiras, misture a carne com o abacaxi. Prove o sal. Vá adicionando a farinha aos pouquinhos. Finalize com a erva picada após desligar o fogo.

- 300 g de pernil suíno picado em cubinhos
- 1 xícara (chá) de abacaxi cortado em cubinhos
- 200 g de bacon picado em pedacinhos
- 2 colheres (sopa) de manteiga
- 2 xícaras (chá) de farinha de mandioca fina
- salsinha
- sal e pimenta-do-reino
- caldo de 1/2 limão

sardinha picante com tomates secos

serve de 5 a 10 pessoas

Numa frigideira, coloque o azeite e a cebola. Quando a cebola estiver transparente, coloque a sardinha, o pimentão e a pimenta. Espere cozinhar por uns cinco minutos. Logo que o caldo ficar mais encorpado, ajuste o sal e moa a pimenta-do-reino. Adicione depois a farinha, bem aos pouquinhos. Deligue o fogo e salpique a farofa com coentro picado.

- 1 lata de sardinha com molho de tomate picante
- 200 g de tomates secos picados
- 2 cebolas picadas
- 4 colheres (sopa) de azeite
- ½ xícara (chá) de pimentão vermelho picado
- 1 pimenta dedo-de-moça picada sem sementes
- 1 xícara (chá) de farinha de milho
- sal
- pimenta-do-reino
- coentro picado

castanhas-de-caju (xerém)

serve de 5 a 10 pessoas

Numa frigideira em fogo médio, coloque a manteiga e o fio de azeite. Quando derreter, adicione a cebola bem picadinha. Assim que a cebola começar a querer dourar, junte o xerém de castanhas e mexa bem por uns cinco minutos. Ajuste o sal. Abaixe o fogo e vá adicionando a farinha bem aos pouquinhos.

- 1 xícara (chá) de castanha-de-caju triturada
- 1 cebola grande picada finamente
- 1 xícara (chá) de manteiga
- 1 fio de azeite
- 1 ½ xícara (chá) de farinha de mandioca

abacaxi
serve de 5 a 10 pessoas

Numa frigideira, coloque a manteiga e o fio de óleo. Logo depois, a cebola e aguarde, mexendo, até que fiquem transparentes. Adicione o abacaxi e deixe-o cozinhar sem que fique dourado, apenas para que incorpore o sabor da manteiga. Vá adicionando a farinha torrada aos pouquinhos. Prove e tempere com sal.

Sugestões para essa mistura-base:

uvas-passas: adicione-as antes do abacaxi e envolva-as com a manteiga, a cebola e o alho.

ovos: fritar, numa frigideira separada, 3 ovos. Não os quebre muito, deixe-os mais inteiriços. Tempere com sal e coloque-os quando prontos junto à cebola, o alho e o abacaxi. Lembre-se de que os ovos serão adicionados por último e evite mexer muito.

bacon: na mesma frigideira em que fará a farofa de abacaxi, coloque o bacon primeiramente, junto com a manteiga. Deixe-o fritar até ficar bem tostado. Só depois acrescente o alho, a cebola e o abacaxi.

- 1 abacaxi fresco picado em cubos
- 5 colheres (sopa) de manteiga
- 1 fio de óleo ou azeite
- 1 cebola branca média picada
- 2 xícaras (chá) de farinha torrada
- sal

133 FAROFAS PARA DIAS DE FESTA

linguiça picante
serve de 5 a 10 pessoas

Retire a pele da linguiça e despreze-a. Com a ajuda de um garfo e uma faca, desmanche-a até que fique com aparência de carne moída. Numa caçarola ou frigideira larga, coloque um fio de óleo e frite o bacon e a linguiça juntos. Quando dourarem, acrescente a cebola e, depois de um minuto, o alho. Adicione a manteiga e vá mexendo, sem parar. Junte a azeitona e a pimenta, e logo depois tempere com sal. Vá, delicadamente, incorporando a farinha. Lembre-se que esta farofa fica melhor mais úmida. Transfira para uma travessa e decore com a salsinha picada por cima.

- 1 gomo de linguiça defumada picante (ou de linguiça calabresa picante)
- 1 pimenta dedo-de-moça picada finamente (sem semente se quiser menos ardor, com semente se quiser mais picante)
- 1 cebola branca grande ralada
- 2 dentes de alho
- 1 fio de óleo
- 150 g de bacon
- 200 g de manteiga com sal
- ½ xícara (chá) de azeitona preta picada
- ½ xícara (chá) de salsinha picada finamente
- 4 xícaras (chá) de farinha de mandioca torrada

Agradecimentos

Ana Gomes Rabelo, Hindy Elawar, José Newton Coelho Meneses, Júnia Ferreira Furtado, Manuela Barbosa, Rivane Neuenschwander
(pela ajuda bibliográfica, pela agudeza e generosidade da leitura);

Rochelle Costi
(pelas imagens do mercado "Aleph", o Ver-o-Peso, em Belém do Pará);

Wilma e Carlota Sedlmayer, Júnia e Wander Pinto, Milla e Maíra Pinto, Leandro e Ivanise Andrade Silva, Gilda Machado Neves, Mary Ivete Nogueira Franco, Luiz Eduardo Andrade
(por trocarem receitas comigo, por me presentearem com farinhas incríveis, manivas, mandiocas e milhos raros);

Carmem Dinis
(pelas cerâmicas e pela experimentação com as imagens);

João Sedlmayer Valladares
(farofeiro a quem endereço todas as minhas receitas, as de ontem e as de amanhã);

Porfirio Valladares
(pela parceria nos projetos desta vida, na alegria e na tristeza).

Referências

BORGES, Luiz; CAMPOS, Marcio; PONTES, Maria Madalena Mattos. Tupinambá, Kayapó e Kuikuro e as revoluções tecnológicas do alimento. *In:* IV Seminário Internacional de Cultura Material e Patrimônio de C&T, 2016, p. 489-516. Disponível em: <bit.ly/3nSpSNN>. Acesso em 23 nov. 2020.

CAMINHA, Pero Vaz de. Carta de Pero Vaz de Caminha (1500). *In*: AMADO, Janaina; FIGUEIREDO, Luiz Carlos. *Brasil 1500: quarenta documentos.* Brasília: Editora UnB; São Paulo: Imprensa Oficial do Estado de São Paulo, 2001.

CASCUDO, Luís da Câmara. *História da alimentação no Brasil.* 3 ed. São Paulo: Global, 2004.

COUTO, Cristiana. *Arte de cozinha: alimentação e dietética em Portugal e no Brasil (séculos XVII-XIX).* São Paulo: Editora Senac, 2007.

CUNHA, Antônio Geraldo da. *Dicionário histórico das palavras portuguesas de origem tupi.* São Paulo: Melhoramentos, 1989.

CUNHA, Antônio Geraldo da. *Dicionário histórico das palavras portuguesas de origem tupi.* Prefácio-estudo de Antônio Houaiss. 4. ed. São Paulo: Melhoramentos; Brasília: Universidade de Brasília, 1998.

DEBRET, Jean-Baptiste. *Viagem pitoresca e histórica ao Brasil (1816-1831).* São Paulo: Martins Fontes, 1940. 2 v.

DÓRIA, Carlos Alberto. *Formação da culinária brasileira: escritos sobre a cozinha inzoneira.* São Paulo: Três Estrelas, 2014.

FLORENCE, Hércules. *Viagem fluvial do Tietê ao Amazonas: 1825 a 1829.* Tradução do Visconde de Taunay. Brasília: Senado Federal, Conselho Editorial, 2007. (Edições do Senado Federal, 93).

FRIEIRO, Eduardo. *Feijão, angu e couve: ensaio sobre a comida dos mineiros*. Belo Horizonte: Itatiaia; São Paulo: EdUsp, 1982.

FURTADO, Junia Ferreira. *Homens de Negócio: a interiorização da metrópole e do comércio nas Minas setecentistas*. São Paulo: Hucitec, 1999.

FURTADO, Junia Ferreira. Milho, feijão, angu e canjica; couve não? Ou o que comiam (ou não) os escravos da mineração. *In*: ALGRANTI, Leila Mezan; MACÊDO, Sidiana da Consolação Ferreira de (Org.). *História e alimentação: Brasil séculos XVI-XXI*. Belém: Paka-Tatu, 2020.

HOLANDA, Sergio Buarque de. *Raízes do Brasil*. 26 ed. São Paulo: Companhia das Letras, 1995.

HOUAISS, Antonio. *Minhas receitas brasileiras*. São Paulo: Art Editora, 1990.

HUE, Sheila Moura. *Delícias do descobrimento: a gastronomia brasileira no século XVI*. Rio de Janeiro: Jorge Zahar, 2008.

LÉRY, Jean de. *Viagem à terra do Brasil*. Belo Horizonte: Itatiaia; São Paulo: EdUsp, 1980.

LISANTI FILHO, Luís. *Negócios coloniais (uma correspondência comercial do século XVIII)*. Brasília, Ministério da Fazenda; São Paulo, Visão Editorial, 1973.

MAWE, John. *Viagens ao interior do Brasil*. Tradução de Selena Benevides Viana; prefácio de Mário Guimarães Ferri; introdução e notas de Clado Ribeiro Lessa. Belo Horizonte: Itatiaia; São Paulo: Edusp, 1978.

MENESES, José Newton Coelho. Mesa farta, gostos diversos: cozinha e práticas alimentares da elite mineira (séculos XVIII e XIX). *In*: ALGRANTI, Leila Mezan; MACÊDO, Sidiana da Consolação Ferreira de (Org.). *História e alimentação: Brasil séculos XVI-XXI*. Belém: Paka-Tatu, 2020.

MENESES, José Newton Coelho. *O continente rústico: abastecimento alimentar nas Minas Gerais setecentistas*. Diamantina, MG: Maria Fumaça, 2000.

NAVA, Pedro. *Chão de ferro: memórias, 3*. Rio de Janeiro: J. Olympio, 1976.

NÓBREGA, Manuel da. Informação das Terras do Brasil do P. Manuel da Nóbrega (aos padres e irmãos de Coimbra). (Baía, agosto de 1549). *In*: LEITE, Serafim (Org.). *Cartas dos primeiros jesuítas do Brasil*. São Paulo: Comissão do IV Centenário da Cidade de São Paulo, 1954. t. 1.

NUNES, Maria Lúcia Clementino; NUNES, Márcia Clementino. *História da arte da cozinha mineira por Dona Lucinha*. Fotografias de Miguel Aun. 2. ed. Belo Horizonte: Edição da Autora, 2001.

ORNELLAS, Lieselotte Hoeschl. *A alimentação através dos tempos*. 2. ed. Florianópolis: Editora da UFSC, 2000.

PANEGASSI, Rubens Leonardo. *O pão e o vinho da terra: alimentação e mediação cultural nas crônicas quinhentistas sobre o Novo Mundo*. São Paulo: Alameda, 2013.

PASCHOAL, Tainá Guimarães. A mandioca e o projeto do jesuíta João Daniel para a Amazônia. *In*: ALGRANTI, Leila Mezan; MACÊDO, Sidiana da Consolação Ferreira de (Org.). *História e alimentação: Brasil séculos XVI-XXI*. Belém: Paka-Tatu, 2020.

POULAIN, Jean-Pierre (Org.). *Dictionaire des cultures alimentaires*. Paris: PUF, 2012.

RUGENDAS, João Maurício. *Viagem pitoresca através do Brasil*. Tradução de Sérgio Milliet. 7. ed. São Paulo: Martins; Brasília: INL, 1979.

SAINT-HILLAIRE, Auguste. *Viagem ao Espírito Santo e rio Doce*. São Paulo; Belo Horizonte: EdUsp; Itatiai, 1974.

SALVADOR, Frei Vicente do. *História do Brasil: livro primeiro. Em que se trata do descobrimento do Brasil, costumes dos naturais, aves, peixes, animais e do mesmo Brasil*. Escrita na Bahia a 20 de dezembro de 1627. 2011. Disponível em: <bit.ly/370iSY7>. Acesso em 23 nov. 2020.

SILVA, Paula Pinto e. *Farinha, feijão e carne seca: um tripé culinário no Brasil colonial*. São Paulo: Editora Senac, 2005.

SOUSA, Gabriel Soares de. *Tratado descritivo do Brasil em 1587*. São Paulo: Companhia Editora Nacional, 1987.

Este livro foi composto com tipografia Adobe Gamond Pro e
impresso em papel Off-White 90 g/m² na Formato Artes Gráficas.